Cómo las pantallas devoran a nuestros hijos

Francisco Villar Cabeza

Cómo las pantallas
devoran a nuestros hijos

herder

Diseño de portada: Dani Sanchis

© 2023, *Francisco Villar Cabeza*
© 2023, *Herder Editorial, S.L., Barcelona*

1.ª edición, 2.ª impresión, 2023

ISBN: 978-84-254-5074-1

Imprenta: QPPrint
Depósito legal: B-14103-2023
Printed in Spain - Impreso en España

herder

ÍNDICE

Prefacio 9

1. El agua del arroyo está contaminada 13
   • Las grandes empresas lo saben 14
   • Cómplices necesarios 16
   • La prohibición llegará 18

2. Falacias intencionadas 21
   • La causa única 23
   • Giros engañosos 25
   • Una sola salud 32
   • Los vulnerables 37
   • El falso juicio 40
   • Calmando las aguas 45

3. Alianza de pandemias 49
   • La pandemia de COVID-19 53
   • Pandemia y digitalización 58
      Estudios cuestionables 62
   • El suicidio entre pandemias 65
      Intervenciones preventivas 68
      Factores protectores 74

4. Las *Big Tech* y el tiempo. Interferencias 79
   • Interferencias en el desarrollo 81
   • Interferencias en la gestión de las emociones 87
   • Interferencias en la creación de vínculos 92

5. Aprendizaje formal y manejo
   de la información. Problemas 99
   • El proceso de aprendizaje 99
   • El manejo de la información 103

6. Violencia y pantallas 111
   • Ciberacoso 115
   • Conducta suicida 119
   • Sexualidad 121

Epílogo 129
   • Algunas recomendaciones al alcance de todos 133

Mea culpa y agradecimientos 137
Bibliografía referenciada 139
Bibliografía recomendada 149

PREFACIO

Estamos viviendo unos tiempos realmente inquietantes, caracterizados por una profunda confusión y desorientación. Son tiempos de cansancio, de empacho, de náusea, fatiga, hastío, tristeza, insatisfacción y deseos de muerte, cuya causa, al parecer, radicaría en un exceso de positividad, una fuerza tan autística, autocentrada y autorreferencial que nos conduce, al menos a la mayoría, precisamente a lo contrario de «lo deseado». Son tiempos paradójicos, en los que la hiperintención y la hiperreflexión, ante nuestra atónita mirada, nos devuelven lo contrario de lo que habíamos planificado. Ciertamente, esto no pretende ser otra proclama más sobre el aciago declive de la sociedad. En contra de lo que se cree, los seres humanos contamos con mecanismos sobrados para tolerar esta situación. Al fin y al cabo, nunca hemos perdido la capacidad de ver lo que queremos ver, como primer modo de autoprotección. Por si esto no fuera suficiente, contamos con otra forma de protegernos, que consiste en asumir la inevitabilidad de los tiempos y alegar: «¿Qué puedo hacer yo? Es lo que hay», y sencillamente, seguir.

En este libro no se pretende dejar al ser humano desguarnecido de sus precarias defensas. Bien al contrario, el objetivo de estas páginas es precisamente demostrar que para algunos retos actuales esas precarias defensas son innecesarias. Solo tenemos que recuperar la autoestima social y recordar algo que a veces parece que se nos ha olvidado: la capacidad del ser humano de abrir los ojos, nuestra capacidad de movilización, de impulso y realización de cambios sociales reales a través de pequeños cambios cotidianos. Esto último es esencial. Como se verá, no incurriremos en una crítica mordaz

9

que abogue por un profundo cambio social: nuestra propuesta será sencilla y concreta, operativa, consistente en una única acción que no requiere recursos económicos, más bien al contrario. Es una medida que impactará positivamente en el ahorro de las familias, de los sistemas de salud, de educación y de un invitado inusual, el sistema de justicia. Todos ellos resultarán beneficiados, tanto a corto plazo, como especialmente a largo plazo.

En el momento actual nos hallamos ante grandes retos, relacionados entre sí como parte integral de un complejo sistema, pero cuyo impacto en cada uno de los campos es sencillo en su esencia. Por nombrar solo dos: un primer reto sería la protección del medio ambiente: conseguir que el desarrollo del ser humano sea sostenible y no perjudique el entorno natural. El segundo sería proteger el propio proceso de desarrollo del ser humano, de los bebés, los niños y los adolescentes, conseguir que los entornos artificialmente creados sean respetuosos con las necesidades de cada uno de los procesos inmanentes a un neurodesarrollo saludable, la salud física, la inteligencia, el aprendizaje, la comunicación, la afectividad, las relaciones, el bienestar. Es decir, minimizar la capacidad de estos medios artificiales de interrumpir, frustrar o limitar el proceso de desarrollo de la persona en formación.

En este libro reflexionaremos acerca de ese segundo reto mencionado. En particular, nos centraremos en el impacto de la digitalización en el desarrollo de nuestros menores. Indagaremos acerca de las tres vías por las que las nuevas tecnologías afectan el desarrollo, a saber: (1) por el efecto directo de las pantallas en la salud; (2) por su especial capacidad de interferir y competir con todas las actividades que sí están relacionadas con un sano desarrollo, y, por último, (3) por los efectos perjudiciales en el desarrollo provocados por los contenidos (de violencia directa o indirecta) que se vierten en ellas, especialmente en las redes sociales.

No se trata de un planteamiento original, ni es la primera vez que se pretende alertar o ayudar a tomar conciencia de la situación actual. Este trabajo pretende sumar una voz más a las muchas que ya se han levantado. Después de diez años acompañando a familias cuyos menores deciden acabar con sus vidas, tras acumular cientos de relatos que surgen como respuestas a la pregunta «¿Por qué un chico de 15 años tendría que quitarse la vida?», luego de presenciar con impotencia cómo, lejos de mejorar la situación, esta sigue empeorando, y tras comprobar en la práctica clínica diaria el efecto individual de la digitalización en mis pacientes, la lectura del libro de Michel Desmurget *La fábrica de cretinos digitales* provocó en mí el mismo efecto que él confiesa haber experimentado al escribirlo: un profundo enfado e indignación. Él apela a nosotros, los profesionales de la salud de primera línea. Dice que cuando habla con nosotros, la opinión es compartida. Pues bien, efectivamente lo que muestran los estudios a los que él hace referencia es lo que nosotros vemos en la práctica clínica diaria. El objetivo de este libro es insistir y ampliar la información aportada por el trabajo de Desmurget, y por el de tantos otros, en campos en los que no se profundiza, cumpliendo así con un compromiso social compartido: la protección de nuestros menores, de su desarrollo como personas.

I

EL AGUA DEL ARROYO ESTÁ CONTAMINADA

A modo de clarificación y para sentar las bases del discurso desde sus primeras líneas, he de compartir con el lector mi sensación de desconcierto ante el posicionamiento de algunos expertos, políticos y parte de la prensa en el abordaje de la problemática que tratamos, a saber, el efecto de la digitalización en el desarrollo de los menores. Parecemos sometidos a una suerte de doble vínculo, nos hablan de una situación impactante, con datos espeluznantes, pero lo hacen con una sorprendente calma, incompatible con la gravedad de lo que se está diciendo, una suerte de doble discurso en el que el planteamiento no encaja con la conclusión y mucho menos con las recomendaciones.

¿Cuál es la situación? Hay un arroyo, permítanme la metáfora, del que todos hemos estado bebiendo y, lo que es más grave aún, del que hemos estado dando de beber a nuestros seres queridos, a nuestros hijos. Resulta que el arroyo está contaminado. Lo sabemos los profesionales de la salud. A la luz de las evidencias de nuestra práctica cotidiana y ante la falta de una explicación o de una hipótesis alternativa que justifique el incremento del malestar que observamos, los efectos negativos son una realidad que no podemos negar y que podemos atribuir al agua contaminada del arroyo. Sabemos además que la toxicidad de esa agua afecta en mayor medida a nuestros menores, cuyo sistema renal es más inmaduro, y que la toxicidad en el adulto, aunque presente, puede ser asumida.

Sin embargo, a pesar de conocer estos principios, los profesionales de la salud no podemos confirmar las sospechas de la población de que algo pasa con el agua de ese arroyo, algo que está relacionado con el malestar que los padres observan en sus hijos. Al parecer, existe el temor de que si se dice a la población que lo más probable es que esté en lo cierto puede desencadenar nefastos sentimientos de culpabilidad en los padres, quienes, como desconocían la toxicidad del arroyo, han dado de beber a sus hijos esa agua, y siguen haciéndolo. Más aún, para preservar la paz entre padres e hijos, al parecer es desaconsejable alertar a los adultos de que el arroyo está contaminado, porque a estas alturas, a los niños y adolescentes les gusta mucho beber de él, en parte porque parece tener algún componente adictivo. Después de tanto tiempo haciéndolo, ahora parecería una suerte de crueldad ofrecerles agua de otros arroyos, no vaya a ser que se enfaden. Y es una verdadera lástima, porque sabemos que los efectos son reversibles, que cuanto antes los protejamos, menos contaminantes acumularán y antes empezarán a revertir sus indeseables consecuencias.

LAS GRANDES EMPRESAS LO SABEN

Continuando con la alegoría, se da la situación de que el agua de ese arroyo es embotellada y comercializada por empresas que obtienen así importantes beneficios económicos, parte de los cuales son reinvertidos para hacer más atractivo el embotellado, teñir el agua de colores extravagantes y asociar su consumo con «el éxito» y «la felicidad». Y por supuesto, tales empresas son también las responsables de incorporar el componente adictivo. De tal forma que los niños y los adolescentes, por su atractivo exterior —y por su adicción—, prefieren beber el agua de ese arroyo antes que la de otros, más costosos, aunque más nutritivos y, definitivamente, menos tóxicos. Esto sucede con la triste paradoja de que las propias empresas comercializadoras, a la vez que hacen sus embotellados más atractivos para los menores, advierten taxativamente que no es un agua apta para el consumo de niños y adolescentes, afianzando sus recomendaciones con el propio ejemplo, pues los directivos de dichas empresas prohíben a sus propios hijos beber el agua de ese arroyo y les ofrecen, a estos sí, agua de otros arroyos, más nutritiva y menos contaminante, aunque más costosa.

Estas empresas apelan a la conciencia y responsabilidad de los padres para poner límites a los deseos de sus hijos de beber su atractiva agua contaminada. Pero, nuevamente, con ese malintencionado doble discurso, mientras aconsejan no beber esa agua, hacen todo lo posible para que el mensaje carezca de contundencia y para abonar el terreno para su consumo, mediante la facilidad de acceso y el resto de los incentivos mencionados. Conocemos este procedimiento perfectamente, lo hemos visto en otras industrias. La industria tabacalera, por ejemplo, reconoce que, si no consigue captar a un cliente antes de los 21 años, se acabó, ese ya nunca será un cliente. También sabe que la mejor edad para ganarlos se encuentra alrededor de los 13 años. Una vez captados, la adicción consigue la fidelización de los clientes de por vida. Pedirles a las empresas que limiten sus beneficios en pro del cuidado de nuestros menores puede resultar muy ético, bonito y razonable, hasta que se ponen delante del consejo de administración y tienen que presentar balances, entonces se tensan las costuras y saltan por los aires los principios de la ética y de la moral.

Parte de esa falta de contundencia del mensaje requiere cómplices pasivos, pero imprescindibles. Algunos padres consideran que, si tan mala fuera el agua —siguiendo con la analogía—, las autoridades no permitirían su comercialización para niños y adolescentes. Al fin y al cabo, eso es lo que ocurre con el tabaco y el alcohol. Olvidan así las lecciones de la historia, pues ese no siempre fue el caso. Actualmente existen prohibiciones claras al respecto, así como acciones legislativas valientes, pero ello se debe a un ingente trabajo previo. Las autoridades, que tanta eficacia han demostrado en otros momentos, se hallan en la actualidad, sorprendentemente, en una postura realmente peligrosa, pues parecen ser las últimas en tomar conciencia y en actuar en consecuencia. La falta de una prohibición expresa e inequívoca puede inducir a que parezca que la situación, aun siendo peligrosa, no lo es tanto.

Las prohibiciones no solo marcan una referencia para los padres, ni solo los ayudan a tomar conciencia de lo que es peligroso o conveniente para sus hijos, también contribuyen a que puedan ejercer medidas de protección. Solo hay que recordar la conducción de ciclomotores. Las discusiones respecto a la compra de un ciclomotor irrumpían en las familias a partir del momento en que los niños cumplían 14 años, pues antes de esa edad la discusión no tenía recorrido: «No te puedo comprar una moto, está prohibido». Lo mismo ocurría con la compra de un coche, que no se planteaba sino a partir de los 18 años. Así pues, las prohibiciones no solo sirven de marco referencial para los padres, sino que también los apoyan en el cuidado de sus hijos. Pero, según algunos, si decimos a los padres que el agua está contaminada, estos restringirán a sus hijos su consumo, lo que generará conflictos entre padres e hijos: sorprendente y paradójica deducción, pues ¿qué mejor discusión puede tener un padre con un hijo que aquella relacionada con protegerlo?

CÓMPLICES NECESARIOS

Las autoridades parecen optar por delegar en las industrias el cuidado de los ciudadanos. Retomando al ejemplo anterior, en el caso de la industria del automóvil, esta se ha implicado en el cuidado de sus consumidores con todo tipo de medidas de mejora. Lamentablemente, en el caso de las *Big Tech* (Amazon, Apple, Facebook, Google, Microsoft, Netflix...) las empresas hacen ver que colaboran, pero ponen unas restricciones o protecciones ostensiblemente insuficientes. Pareciera que estuviesen preparando ya la estrategia para la defensa legal ante la ola de denuncias que, sin duda, acabarán teniendo que asumir.

Lamentablemente, aprendieron de la industria tabacalera que las eventuales sentencias, para las que ya se preparan, supondrán una mínima parte de sus sustanciosos beneficios y, por tanto, serán perfectamente asumibles.

Pero la posición y la inacción de las autoridades pueden ser parcialmente comprensibles. Además de las históricas dificultades en su capacidad de reacción, las autoridades acaso teman que las empresas embotelladoras —volviendo a nuestra metáfora— se trasladen a otro país, con la consiguiente pérdida de puestos de trabajo. Son muchas las aristas y las condiciones que hay que tener en cuenta. Se diría que las autoridades albergan un intenso deseo, aunque infundado a la luz de las evidencias, de que en realidad el agua no esté contaminada. Sería tan fácil para todos si eso en verdad fuera así. La posición de los políticos no preocupa en exceso, porque en cuanto los ciudadanos levanten la voz, muchos abrazarán la causa. Solo hay que educarlos. Al final, en el fondo todos desean hacer las cosas bien.

Más difícil es entender las respuestas de algunos de los expertos, aquellos que ofrecen la coartada a los políticos y les permiten mantenerse en la inacción. No es casualidad que estos sean los asesores escogidos por los políticos, pues los ayudan a seguir sin hacer nada, bajo el mantra de «no generar alarma social». Pues bien, a los profesionales de la salud se nos pregunta una y otra vez si el agua está contaminada, y las respuestas son siempre afirmativas: todas las evidencias sugieren o nos orientan a pensar que efectivamente lo está. Ahí acaba la condición de experto de una problemática. Sin embargo, se nos continúa preguntando qué deberíamos hacer al respecto y la respuesta por parte de algunos profesionales, de forma más sorprendente, suele ser del tipo: «El agua está contaminada, pero no podemos prohibir que la gente la beba, no va a funcionar, no se puede prohibir». De pronto también son expertos en campañas de salud pública. Proponen en su lugar: «Debemos educar a niños y adolescentes para que conozcan los beneficios de beber aquella otra agua, menos atractiva en su presentación, más costosa de adquirir y más nutritiva». Supongo que la combinación entre cierta ingenuidad, bondad y algún sentimiento de superioridad los lleva a pensar que unas eventuales campañas educativas tendrán mayor impacto y atractivo que las promovidas por las empresas comercializadoras del agua, que contratan a los mejores psicólogos, creativos e ingenieros. Por un lado, los profesionales de la salud que hemos adquirido experiencia y, de algún modo, la condición de expertos, porque nos enfrentamos a diario con una determinada problemática, desbordados por la práctica clínica del día a día en unos casos, o por la docencia y la investigación en otros, escribimos a base de mucho sacrificio personal. Por otro lado, están aquellos expertos contratados por las empresas cuya dedicación al desarrollo de dichas campañas es exclusiva. Parece una lucha muy desigual y me sorprende el optimismo de algunos de mis colegas. Entre tanto, mientras se diseñan esas estrategias educativas ideales cuyo impacto será superior al de las campañas publicitarias de las diferentes industrias, a los niños y a los adolescentes sus padres les siguen dando de beber agua contaminada, y ellos continúan bebiéndola con gusto.

LA PROHIBICIÓN LLEGARÁ

Lo prudente sería que, ante las evidencias, mientras no se demuestre que el agua *no* está contaminada, y siguiendo las ambiguas y reticentes recomendaciones de las propias empresas distribuidoras (publicadas, recordémoslo, por imperativo legal), se optara por una actitud de protección de nuestros menores, utilizando una útil medida tanto de protección como de referencia y orientación con la que nos hemos dotado: la prohibición legal. Un mecanismo sencillo, que ha permitido avances sociales e incluso que ha salvado innumerables vidas a lo largo de la historia. Vemos algunos ejemplos:

1) Está prohibido legalmente golpear a tus hijos, por mucho que creas —y que tu intuición o sentido común te indiquen— que es la mejor forma de corregir el comportamiento inapropiado de tu hijo.

2) Está prohibido por ley privar a tus hijos menores de 16 años de un derecho tan fundamental como el de la educación. De modo

que, aunque tu intuición y tu sentido común te sugieran que, como tu hijo lo suspende todo, no vale la pena que vaya al colegio, tienes el deber de hacer todo lo posible por llevarlo, por preservar su derecho, su oportunidad de acceder a una educación.

3) Los niños tienen prohibido por ley conducir hasta los 18 años. Algunas salvedades les permiten conducir a edades menores, pero también con restricciones. Está legalmente prohibido conducir un ciclomotor o una motocicleta sin casco, por mucho que tu intuición —o tu percepción de los riesgos y tu autoestima como conductor— te indique que no corres el menor peligro. Esta medida legislativa ha reducido notablemente la mortalidad y la morbilidad en todos los países en que se ha aplicado.

4) Está legalmente prohibido fumar en establecimientos públicos, y en la aprobación y promulgación de esta medida resonaron con más fuerza los lamentos de quienes perdieron familiares a causa del tabaquismo que las risas de los que pensaron que sería una restricción inaplicable, y que, de aplicarse, no produciría ninguna reducción del consumo de tabaco en la población. El consumo de tabaco entre la población no ha dejado de descender ante cada una de las prohibiciones que han ido acorralando su consumo, tanto por medio de la restricción de los espacios habilitados para su uso como mediante la publicidad asociada y promotora de su consumo.

Podríamos seguir con la lista: acceso a la bollería industrial en los colegios, restricciones a las bebidas azucaradas, limitaciones de velocidad, obligatoriedad de conducir con cinturón de seguridad, prohibición de conducir habiendo consumido alcohol, ilegalidad de drogas como la heroína y la cocaína, prohibición de la trata de personas y de la violencia sexual…

A veces da la impresión de que seguimos enganchados a aquella exitosa proclama del «prohibido prohibir» propia de Mayo del 68. Por supuesto, nada tenemos en contra de los anhelos de libertad de toda la población y de cada uno de los individuos. Pero confundir una cosa con la otra nos incapacita para la protección propia y de los nuestros, y nos deja desorientados, desamparados, sin marcos de referencia. Cuando proponemos unos límites (prohibiciones) a nuestros niños y menores a nuestro cargo, no les imponemos unos límites que no pueden saltarse, sino que les ofrecemos un marco de referencia, los orientamos en su entrada a un mundo que puede ser percibido y vivido como muy hostil, o ante el que cabe reaccionar con hostilidad, especialmente si no somos capaces de entenderlo. Prohibimos a los menores hacer uso de objetos o sustancias potencialmente perjudiciales antes incluso de que tengan la capacidad de decidir por sí mismos, o de discernir lo que les conviene de lo que no. Así pues, nuestro objetivo es proteger, ofrecer un marco de referencia, un escenario seguro para un adecuado desarrollo.

2

FALACIAS INTENCIONADAS

Los nostálgicos de una supuesta libertad extrema y primigenia, quienes consideran que la moderación no cabe cuando se apela a la libertad, aquellos que se sintieron sometidos a una suerte de normativa estricta y que se prometieron hacer justo lo contrario en su papel de padres con sus hijos, incluso quienes ven a sus tiernas criaturas como frágiles jarrones que se destruirían y se frustrarían de por vida ante cualquier prohibición, todos ellos pueden estar tranquilos, no hace falta que cambien su sistema de valores. Aunque algunos lo pretendan, es falso, no estamos enfrentando las posturas de Hobbes y Rousseau.

Antes de continuar con el desarrollo de esta idea, para seguir definiendo el marco de este debate, quiero reconocer la labor de todos los profesionales asalariados de las industrias tecnológicas y manifestar mi respeto por su profesionalidad y su capacidad de alcanzar los objetivos trazados por los directivos de sus empresas, por su talento para hacer los productos más atractivos, más accesibles, por lograr incorporar los hallazgos de Skinner en términos de aprendizaje estímulo-respuesta y modificación de la conducta, por conseguir desbordar y doblegar la voluntad de las personas, inocular deseos que no tenían y hacerles creer que ejercen su libertad al seguir consumiendo, o aún más, que llevan a cabo un acto de felicidad.

Espero que no se confunda mi respeto por su desempeño profesional con mi opinión sobre su ética profesional. El propio Skinner se retorcería en su tumba al ver cómo se están usando sus hallazgos. Él pretendía ayudar al ser humano a vivir mejor, no a despojarlo de su ciudadanía para convertirlo en un consumidor, tal y como nos alerta el psicólogo Marino Pérez Álvarez. Por mi parte, más que el respeto a la memoria de Skinner, fue Hannah Arendt quien me permitió comprender la profunda distancia que me separa de estos profesionales a sueldo de las industrias tecnológicas. ¿Acaso el concepto «banalidad del mal», con el que Arendt caracterizó el comportamiento de ciertos individuos dentro del sistema genocida creado por el régimen nazi, pueda servirnos, salvando las distancias, en este contexto? Pues estos burócratas de la administración privada son extremadamente eficientes, no se cuestionan las consecuencias de la aplicación de sus técnicas y conocimientos, ni el uso que se hace de ellos, simplemente ejecutan los objetivos trazados por las industrias, y lo hacen con eficiencia. Es su formidable eficiencia lo que infunde verdadero temor. Impresiona ver de qué manera trituran los esfuerzos intelectuales de pensadores de la talla de Byung-Chul Han, Zygmunt Bauman, Slavoj Žižek o Sara Ahmed, entre muchos otros. Quizás saben algo que a estos notables pensadores se les escapa, y eso es profundamente inquietante. Tanto como lo sería el caso contrario, es decir, que en realidad nada saben más allá de aplicar con suma destreza sus numerosas argucias y triquiñuelas.

Lo cierto es que han aprendido de grandes maestros, pues sus predecesores tuvieron la habilidad de mostrar la conveniencia de asociar el consumo de tabaco a una suerte de libertad. Algo realmente impresionante, especialmente cuando se tiene la experiencia de convivir o haber convivido con un fumador: una persona que antes de salir de casa debe contar los cigarros que le quedan en el paquete, que se inquieta y se malhumora si alguna exigencia social la mantiene dos horas «secuestrada», que se ve obligada a buscar una gasolinera a altas horas de la madrugada a fin de hacerse con el preciado tabaco. Se trata de una verdadera genialidad: investir a un producto del valor contra el que atenta, la libertad. Qué capacidad de revolver las aguas… En los siguientes apartados abordaré las *falacias, sofismas o estrategias desinformativas* que contribuyen a enturbiar las aguas del debate, y concluiré con algunos motivos que nos permiten abrigar esperanzas de hallar un puerto seguro.

2. Falacias intencionadas

LA CAUSA ÚNICA

Empezaremos por la estrategia discursiva más usada: la causa única. En términos de riesgo, cuando hablamos de una causa o de una intervención, siempre nos focalizamos en su capacidad de reducir el riesgo global, mitigando los diferentes riesgos específicos, especialmente los de mayor impacto. De esto nunca se deriva o se entiende que ese factor sea la causa única.

En una reveladora entrevista a un reputado oncólogo, infatigable especialista en pulmón, este insistía una y otra vez en que el 90 % de los cánceres de pulmón se daban en población fumadora. Entiendo que pensaría algo razonable como: «¿Qué más datos necesitamos para recomendar dejar de fumar?». Pues al parecer necesitamos algunos más, porque el periodista no dejaba de preguntar: «Pero eso no quiere decir que el 90 % de los fumadores desarrollen un cáncer de pulmón, ¿no?». El oncólogo respondía: «Efectivamente no, el 90 % de los fumadores no desarrollan un cáncer de pulmón». El periodista insistía, «y, además, uno de cada diez enfermos de cáncer de pulmón no son fumadores». Y el oncólogo volvía a asentir: «Efectivamente, hay gente que no fuma que puede desarrollar un cáncer de pulmón». El periodista se empeñaba: «Entonces, hay otras causas también, como la contaminación, ¿no?», y el oncólogo perseveraba: «Sí, hay otras causas, como la contaminación o ser fumador pasivo, pero el 90 % de los enfermos de cáncer de pulmón son fumadores, por favor dejen de fumar».

Sí, efectivamente hay otras causas que provocan cáncer y que causan la muerte de las personas, pero el programa de Acción Conjunta para el Control del Tabaco 2 (JATC 2),[1] una iniciativa emblemática del Plan Europeo de Lucha contra el Cáncer, denuncia que, a nivel mundial, fumar mata a 8 millones de personas en el mundo cada año. Más de 1,2 millones de estas muertes se atribuyeron a la exposición al humo del tabaco ajeno en 2017, de las cuales más de 63 000 muertes se produjeron entre niños menores de 10 años.[1] Así es, eliminando definitivamente una única causa, el tabaco, no haremos desaparecer por completo el cáncer, pero eso no significa que no sea totalmente aconsejable seguir promoviendo campañas y prohibiciones del tabaco. El reputado oncólogo de la entrevista no es un demagogo que acusa al tabaco como único agente perjudicial, solo alerta de su relevancia en esa problemática. Si detectamos una causa, no importa que no sea la única, solo con que sea identificable hay motivos suficientes para aislarla y combatirla.

Algo similar ocurre con los accidentes de tráfico: en poco más de la mitad de los accidentes de tráfico con fallecidos no había presencia de alcohol ni drogas. Concretamente, en el informe publicado en 2023 respecto a los resultados toxicológicos en los accidentes de tráfico de 2021,[2] observamos que el 49,4 % de los conductores fallecidos en accidentes de tráfico en 2021 había consumido alcohol, drogas o psicofármacos, es decir, por muy poco seguían siendo la minoría. También revelaba que «solo» el 39,5 % daba positivo en alcohol. De esto se desprende que en la mayoría de los accidentes de tráfico mortales (60,5 %) no está involucrado el alcohol. En efecto, el alcohol no es la única causa de mortalidad en accidentes de tráfico, ni siquiera está presente en la mayoría de los accidentes mortales. Pero es una causa claramente relacionada, y por ser identificable como tal tenemos suficiente justificación para aislarla y combatirla. Por supuesto, de forma paralela seguiremos mejorando las carreteras, perseveraremos en la vital importancia del uso del cinturón, de sillitas para bebés, del casco en las motos, del control de la velocidad, etc.

Pues bien, respecto a los efectos de la digitalización en menores, aunque somos testigos de cómo se incrementa el malestar entre ellos a medida que aumenta la exposición a las pantallas, e incluso contando con los numerosos datos que iremos presentando a lo largo de este trabajo y con las evidencias que ofrece Michel Desmurget en *La fábrica de cretinos digitales*, algunos expertos siguen aseverando que la exposición a las pantallas no es la única fuente de malestar entre nuestros jóvenes y basan en ello su argumentación para desincentivar medidas que la restrinjan. En la primera parte de su análisis llevan razón. Efectivamente, no podemos concluir que las pantallas y la digitalización sean la causa única del malestar de nuestros adolescentes y jóvenes, pero desde su aparición y generalización, este malestar no ha dejado de incrementarse, año tras año, prepandemia y pospandemia. Las pantallas no son la causa única de la obesidad infantil, ni de las pérdidas visuales, ni del insomnio, ni de los problemas de aprendizaje, ni de los problemas de socialización, ni de la ansiedad y la depresión, ni de los trastornos de conducta alimentaria, ni del suicidio, ni del fracaso escolar, ni de la conflictiva con los padres, ni de las diferentes formas de violencia, entre ellas la sexual, en las que se ven involucrados nuestros jóvenes, como víctimas o acosadores. Pero lo que sí puede afirmarse es que las pantallas y la digitalización, como causa identificable a la luz de las evidencias, parecen contribuir negativamente en todas y cada una de estas afectaciones, no solo agravando los cuadros, sino también incrementando la prevalencia de muchas de estas problemáticas.[100] Dicho de otro modo, sin el mundo digital en la infancia y la adolescencia, muchos niños y adolescentes no presentarían tanto malestar, no padecerían estas problemáticas, y entre los que las padecieran, muchos presentarían cuadros de menor intensidad y serían más asumibles por los sistemas de salud.

Los efectos de la exposición prematura a las pantallas desbordan los recursos cognitivos y emocionales de nuestros niños y adolescentes y, por extensión, los servicios educativos, sociales y sanitarios que les ofrecen cobertura. No importa que no sea la única causa, pero es identificable, por tanto, está más que justificado que la aislemos y la combatamos, al menos mientras no se demuestre que los beneficios superan los múltiples riesgos.

GIROS ENGAÑOSOS

En el debate con las pantallas en la infancia y la adolescencia, el *lobby* tecnológico también ha conseguido remover las aguas con una original diversidad de recursos. Entre otros, ha tenido la habilidad para conseguir un giro en la argumentación, un cambio de perspectiva cuando les ha convenido. Por ejemplo, ha situado al niño como sujeto que actúa, cuando en realidad no es así. Según esta falacia, es el niño el interesado en consumir. Por lo tanto, si se le niega el acceso al mundo digital, se le está privando de libertad. Eso es un engaño con todas las letras. Muchos sospechamos de esa formulación. No se nos pasa por alto que es precisamente el mundo digital el que se disputa implacablemente el acceso a nuestros menores en desarrollo. Conocedora de la maleabilidad, vulnerabilidad e ingenuidad del ser humano en sus primeras etapas de la vida, la industria tecnológica considera que los niños son una inigualable oportunidad de negocio que no puede permitirse perder. Pero el niño no nace con necesidad de consumo, es la sociedad de consumo la que necesita nuevos acólitos y busca convertir a los niños en consumidores, y debe lograrlo lo antes posible, antes de que puedan dudar.

En concreto, en cuanto al acceso a pantallas, lo cierto es que a los niños y a los adolescentes no se les prohíbe nada. Es a las industrias tecnológicas a las que se pretende poner coto, a las *Big Tech* y a todas las subsidiarias a las que ofrecen sus servicios, básicamente consistentes en construir una ventana de acceso directo a nuestros hijos. No se busca prohibir nada a los niños, es a la industria tecnológica a la que se le prohíbe acceder a nuestros menores en formación, y a todas las que hacen uso de esa ventana, la industria del porno entre otras. No está prohibido que un menor compre alcohol, sino despachar alcohol a un niño. No está prohibido que un niño compre una entrada para un cine o espectáculo pornográfico, sino venderle al niño la entrada. No está prohibido que un niño entre en una sala de musculación, sino dejarle acceder a dichas salas. No se priva a nuestros hijos el acceso al mundo digital, sino que se priva al mundo digital el acceso a nuestros hijos, precisamente por el mal uso que hacen de él.

He aquí otra falacia sorprendente respecto a los giros argumentales de los que hablamos. Resulta que, por motivos más que obvios, no podremos conocer nunca los efectos de la heroína en el desarrollo humano mediante un estudio experimental. No podemos coger una cohorte de 1 500 niños, agrupados por sexo y edad con otros 1 500 niños de un grupo control, habiéndolos asignado aleatoriamente a cada grupo. No podemos suministrarles heroína a los primeros 1 500 sujetos desde los tres meses a los 16 años, para comprobar «científicamente» la causalidad de los efectos de la heroína en el desarrollo. Ningún comité de ética de la investigación aprobaría tal aberración. Ni ha hecho falta para prohibir la heroína, en todas las etapas evolutivas del ser humano. Tampoco podemos someter a 1 500 bebés de tres meses, durante el primer año, a tres condiciones experimentales: exposición de 3 horas, de 5 horas y de 7 horas diarias de pantallas para ver los efectos de estas en su proceso de desarrollo, en comparación con 1 500 bebés que, en lugar de pantallas, dedican esas 3, 5 y 7 horas al juego, el movimiento, la comunicación y la interacción con sus padres. Es cierto que aquí cabría un cuarto grupo experimental, el grupo de 1 500 bebés que no tuvieran exposición directa a pantallas, pero cuyos padres pudieran acceder a sus propios móviles durante las 3, 5 y 7 horas de juego y participación en actividades con su bebé. Sencillamente son experimentos imposibles de llevar a cabo, pues no resisten ni la menor deliberación ética, dado que chocan frontalmente con dos principios fundamentales: el principio de beneficencia y el de no maleficencia.

No es la sociedad la que debe demostrar los potenciales efectos perjudiciales de la exposición a pantallas, sino que son las industrias tecnológicas las que tienen que acreditar con pruebas que ese acceso no solo no es perjudicial, sino que es beneficioso. Los expertos e investigadores no están obligados a callar hasta descubrir la verdad estadística perfecta. Más bien, han de reunir evidencias para poder dar consejos fundamentados, no opiniones, y la evidencia actual nos avala sobradamente para recomendar la prohibición de las pantallas.

Sigamos desarrollando esta idea. No es ético, de ningún modo, poner en riesgo la salud del ser humano para «mejorarlo». Únicamente podemos poner el riesgo al ser humano, incluso hacerle daño, cuando los beneficios superan con creces los riesgos. Solo es ético administrar a un ser humano un tratamiento tan agresivo como la quimioterapia, porque los beneficios potenciales, es decir, salvar su vida, superan los perjuicios y los efectos secundarios. Puede ser éticamente justificable plantear un ensayo clínico con una vacuna para valorar los posibles efectos adversos y su efectividad a la hora de combatir un virus capaz de provocar la muerte de miles de personas. Pero cualquier innovación que se pretenda aplicar a niños sanos debería cumplir los criterios que se exigen en salud, de modo que deberían evidenciar beneficios tangibles y demostrables antes de su aplicación. Es más, ante la mínima sospecha de posibles efectos adversos, debería no solo demostrar sus beneficios, sino exigir el estudio en profundidad de sus riesgos, y por supuesto tendría que pasar por un comité de ética. Por poner un ejemplo concreto, no es ético publicitar *Baby Einstein* como un «programa educativo» que hará a nuestros bebés más inteligentes, sin haber demostrado que realmente aporte alguna mejora. Y desde luego tampoco es ético que, cuando se presentan indicios de que en realidad el programa actúa como una interferencia para la que el cerebro del bebé no está preparado, privándolo así del tiempo de exposición a los estímulos para los que sí lo está, la compañía simplemente quite el apelativo «educativo» de su campaña publicitaria y siga facturando.

Veamos un nuevo cambio de foco, otro giro argumental en el planteamiento del problema. Nos dicen que debemos preparar al niño para un supuesto mundo futuro, al que de paso describen como incierto, cambiante y, por supuesto, digital. Llegan a lanzar soflamas del tipo «en un mundo cambiante, no podemos tener la escuela de siempre». Pero, por muy poco darwinianos que seamos, entendemos perfectamente que la mejor forma de adaptarnos al mundo es afilar, afinar y cuidar nuestro mejor órgano para la adaptación: el cerebro. Y con él, todas las funciones ejecutivas, la atención, la concentración, la percepción, la memoria de trabajo, la velocidad de procesamiento, la comprensión lectora, la escritura, las matemáticas, la capacidad de elaborar narrativas, la empatía, las habilidades sociales, la gestión de las emociones. En suma, hablamos de la inteligencia en sus diferentes competencias. El cerebro del niño y su desarrollo no han experimentado un cambio significativo en los últimos siglos. Así, el objetivo al que nos debemos es el saludable neurodesarrollo del niño. Las características del mundo al que tengan que hacer frente con esos recursos bien desarrollados es indiferente. Es el neurodesarrollo saludable lo que debemos cuidar, no tenemos que preparar al niño para un supuesto futuro, del que no sabemos nada. Hemos de cuidar el desarrollo del niño para que pueda desarrollar los recursos necesarios para enfrentar en la vida adulta cualquier eventual futuro, imaginable o no.

En efecto, en esta confusión radica la exitosa campaña publicitaria sobre los «nativos digitales», otra maravilla de la publicidad. Nuevamente se trata de un giro argumental. Ahora resulta que no es el mundo el que ha cambiado, sino que son los niños, los cerebros de los niños, los que han experimentado una mutación. Es tan inverosímil que resulta sorprendente el éxito de la campaña. Desde luego, las personas creemos y vemos lo que queremos creer y ver. No existe tal cosa como una «generación digital» y el cerebro del niño no ha experimentado una mutación que lo haya hecho superior. Más bien al contrario, el cerebro de los niños está siendo sometido a una serie de estímulos que, efectivamente, lo están modificando, pero no precisamente en la dirección en la que pretenden. La multitarea no es un avance de la especie, es un retroceso. Lo que ha sido difícil de conseguir es la focalización y la concentración de la atención. La llamada a la inacción es directa, si la generación es la digital, si la digitalización es algo que ha pasado a ser inmanente, ¿cómo íbamos a despojarlos de algo propio? No, la digitalización no es inmanente al ser humano, ni siquiera forma parte del entorno natural al que habría que proteger. La digitalización es una creación que debería estar supeditada al servicio del ser humano, no es el niño el que tiene que adaptarse a ella, es ella la que ha de adaptarse a nuestros menores, con el principal y único objetivo de no perjudicarlos. Si la única forma de proteger a los niños de los riesgos de la digitalización es prohibir, limitar o regular adecuadamente su acceso a las tecnologías digitales, pues muy bien, pocas acciones son tan viables económicamente. Otra fantástica obra publicitaria consiste en el magnífico eslogan que advierte sobre la «brecha digital». Se tardan años en hacer estudios y elaborar artículos, pero bastan solo unos minutos de inspiración de un creativo para concebir un eslogan. Pues bien, es muy frustrante ver cómo es mucho más poderoso un eslogan que la evidencia científica, pero así parece ser. El concepto de «brecha digital» se ha usado para dar cuenta de dos aspectos, el primero, de tipo generacional, y el segundo, el relativo a las diferencias de niveles socioeconómicos. Aquí nos referiremos al segundo. Con este eslogan se pretende concienciar a la población acerca de la existencia de un grupo demográfico vulnerable, el de los pobres, carentes de recursos, que no tienen acceso a la tecnología digital. Ciertamente los países de la OCDE solo representan el 17% de la población mundial, pero valga como ejemplo que, desde 2019, casi todos los estudiantes de 15 años en los países de la OCDE tienen acceso a Internet (95%, en promedio).[3] En España, esas cifras ya se habían alcanzado cuatro años antes, en 2015, tras experimentar un incremento significativo de algo más de 30 puntos de 2006 a 2015, en el porcentaje de estudiantes de 15 años que tenían acceso a Internet, pasando del 66% al 96%.[4]

Se da otro efecto que contradice el eslogan de la brecha digital: la exposición y el uso de pantallas está inversamente relacionado con el nivel socioeconómico de las familias. Es decir, los chicos de familias con alto nivel socioeconómico tienen menor exposición a pantallas que los de clases desfavorecidas. Y esto alcanza su máxima expresión en Silicon Valley, donde los hijos de los directivos de las *Big Tech* prácticamente no son expuestos a las pantallas ni en casa ni en el colegio. Así, la resolución de la brecha digital produce la paradoja que compartía conmigo una profesora de un barrio vulnerable de la periferia de Barcelona. Me explicaba que había familias cuyos adultos trabajaban todo el día, por lo que no podían mantener una supervisión suficiente de los menores, ni realizar un acompañamiento adecuado, y que la precariedad también les

impedía comprarles dispositivos digitales. Lo que las industrias de la tecnología digital quieren que entendamos como brecha digital es esto último. Pues resulta que en el colegio se les entrega los dispositivos digitales que sus familiares no pueden comprar. Los niños se los llevan a casa sin supervisión, desbloquean los filtros instalados en el colegio con el visionado de un video explicativo de YouTube, y con eso ya están dados todos los ingredientes para que queden expuestos a cualquier nefasta influencia. Unos niños sin supervisión parental, con libre acceso a TODO lo que circula por internet y con una exposición ilimitada en el tiempo. Mientras, sus compañeros de familias más acomodadas realizan actividades protectoras, como, por ejemplo, las extraescolares deportivas. Así pues, cuando pensamos en las familias vulnerables, la auténtica brecha consiste en todas aquellas actividades que no pueden llevar a cabo los niños a causa de las limitaciones económicas, actividades que los vinculan al colegio con mayor fuerza, como, por ejemplo, jugar en el equipo de fútbol, baloncesto o voleibol del colegio, o no perderse excursiones o las colonias con los compañeros de clase porque sus padres no pueden pagarlas. El uso de dispositivos digitales no ha demostrado beneficios en el aprendizaje, y menos todavía si son usados sin ningún tipo de control. Más bien al contrario, parece afectarlos negativamente. Manfred Spitzer acuñó el término «demencia digital»[5] para dar cuenta de esta afectación del aprendizaje y del funcionamiento cognitivo que provoca la exposición a pantallas en los periodos de desarrollo, una afectación sobre la que se ha ido acumulando evidencia en los últimos años.[6,7]

Pero hay actividades que sí han demostrado beneficios en el rendimiento escolar, algunas tan sencillas como una hora de deporte moderado al día. La verdadera brecha no es la digital, sino la que se da cuando los niños se desarrollan y educan en un entorno económicamente desfavorecido, con problemas para acceder a una cesta básica y con familiares empobrecidos en muchos ámbitos, no solo en el económico. Estas carencias podrían quedar «compensadas» con mayor participación en la comunidad, por ejemplo en las actividades extraescolares, en las colonias o en la práctica de

deportes. Puesto que con la prohibición o regulación del uso de las pantallas en la infancia nos ahorraríamos una importante partida económica, quizás podríamos destinar esos recursos a garantizar que todos los alumnos tengan becas para actividades extraescolares, en lugar de comprarles dispositivos digitales. Todo en pro de mejorar el aprendizaje, la vinculación y la participación en el entorno educativo, especialmente en los casos de niños que, fuera de estos entornos seguros, no cuentan con el soporte familiar deseable. No existe, pues, una brecha digital, sino una brecha de la pobreza, y en esos escenarios regalar un ordenador no parece la mejor forma de administrar las ayudas. Supongo que si los encargados de gestionar los fondos *Next Generation* no entienden esto, alguien tendrá que explicárselo.

El siguiente giro argumental con el que cerramos este apartado no es un argumento de expertos, sino más bien un recurso vulgar de tertuliano desinformado, pero es tan frecuente que vale la pena denunciarlo. Consiste en atribuir toda la responsabilidad al sujeto, recordando que el objeto no es peligroso *per se*, sino que lo peligroso es su uso. «Las pantallas no son peligrosas *per se*». Hay que estar muy convencido de algo para dejarse persuadir por un argumento de semejante debilidad intelectual. Un taladro no es peligroso *per se*, un cuchillo jamonero no es peligroso *per se*, ni siquiera una pistola, ni un automóvil son objetos realmente peligrosos *per se*, pero en las manos de un niño de 7 años solo pueden acabar en una visita al hospital. Las pantallas no son peligrosas en el cajón de la mesita de noche de los padres, pero en el momento en que se encienden y empieza su uso, comienza la afectación.

UNA SOLA SALUD

Por algún motivo, las campañas publicitarias que pretenden promover la salud son menos eficaces que las contrarias. Hay una actualmente que ha tenido éxito entre las organizaciones internacionales y ha sido asumida por todas las agencias de salud pública:

«Una Sola Salud» *(One Health)*.[8] Es una campaña promovida por la Organización Mundial de Sanidad Animal, que pretende hacernos conscientes de la estrecha relación e interdependencia que existe entre los aspectos asociados a la salud humana, la salud animal y la salud ambiental. La campaña parece ir orientada a concienciarnos acerca de que cualquier iniciativa de prevención de la salud animal repercute en nosotros y, desde ese prisma, pretenden que nos veamos más motivados para intervenir.

Sin duda es una campaña arriesgada, porque si todo está relacionado, si hay que hacer tantas cosas, al final esto puede provocar una sensación de agobio y la consecuente desmotivación. Algo similar sucede con la falacia de «la causa única» que ya hemos denunciado en el primer apartado de este capítulo: como en realidad no existe una única causa, sino muchas, se asume que no hay que hacer nada para contrarrestar la principal causa identificada. En este caso es al revés: como son tantas las causas, no se puede hacer nada.

Pues bien, la realidad es bien distinta, y ese complejo sistema en el que todo está relacionado se traduce en una oportunidad, no en una debilidad, porque en un sistema muy complejo e interdependiente, una única intervención puede conseguir efectos positivos y mejoras en muchos objetivos.

Pongamos como ejemplo la Estrategia de Salud Pública 2022 (ESP 2022),[9] publicada en agosto de ese año, que se ha establecido como marco para priorizar acciones en términos de salud pública. Analizaremos una selección de acciones priorizadas en la Línea Estratégica 3: «Mejorar la salud y el bienestar de la población a través de la prevención de enfermedades, la promoción de estilos de vida y el fomento de entornos saludables, seguros y sostenibles». Acciones prioritarias:

LE3-A1. Promover y favorecer una alimentación saludable y sostenible.

LE3-A1.2. Proteger a la población, especialmente la infantil y adolescente, de la publicidad de alimentos y bebidas no saludables.

Resulta notable cómo la publicidad de alimentos y bebidas no saludables es considerada un peligro del cual tenemos que proteger a nuestros niños y adolescentes. Otra muestra del formidable potencial de los creativos, psicólogos e ingenieros de las campañas publicitarias para doblegar la voluntad de las personas, influenciarlas y conseguir que deseen algo que es perjudicial para su salud. Esta poderosa capacidad de influir ya se había evidenciado cuando la Administración pública se vio en la necesidad de poner coto a la publicidad de las tabacaleras. La acción es sencilla, se prohíbe la emisión de anuncios en las televisiones públicas, especialmente en horario infantil y particularmente entre los contenidos típicos de consumo infantil, como los dibujos animados. Pero ¿cómo conseguimos que no aparezca un anuncio publicitario durante la utilización de una aplicación móvil o de un juego «gratuito» en el que te dan «vidas» si ves un anuncio publicitario? ¿Cómo evitamos que un *youtuber* o un *influencer* salgan comiendo ese producto durante la emisión de uno de sus videos virales? Las respuestas a estas preguntas de muchos de mis colegas expertos seguramente irían en la línea: se debe hacer con una campaña educativa en la que se vea que ese *youtuber* al que admiran, tan simpático, en realidad es un malvado que come y bebe alimentos no saludables, y mostrarles también que por hacerlo delante de los niños, la empresa que produce esos alimentos le ha pagado mucho dinero con el que se ha comprado esa fantástica casa que tanto admiramos y que le permite llevar esa vida tan «envidiable», una vida fácil, sin esfuerzo y con unos beneficios a los que difícilmente se llega estudiando. Pues bien, mientras elaboran esa fantástica campaña, todas estas vías de acceso a nuestros hijos están abiertas de par en par, y los influyen con total impunidad. ¿Vamos a seguir permitiéndoles este acceso?

LE3-A2. Fomentar y favorecer la actividad física y reducir el sedentarismo.

2. Falacias intencionadas

Por su naturaleza ostensible y palmaria, prácticamente no hace falta analizar esta línea de acción. Las pantallas son incompatibles con la actividad física, y todo el tiempo que un niño dedique a ellas será considerado sedentarismo. Eso sí, en sillones ergonómicos que parecen asientos de coches de carreras. Quienes busquen refutar esta idea aludiendo a la Nintendo Wii no van a encontrar argumentos en contra, solo dos propuestas: que vayan con su hijo a jugar al tenis real y comparen esa actividad física con la de las partidas en la Wii, y lo mismo para los bolos y para el tenis de mesa, ni que decir para el boxeo. También pueden comparar el uso de pantallas que hacen los niños y adolescentes: se evidenciará el uso marginal de la Wii respecto a los juegos *online*, redes sociales, etc.

LE3-A3. Fomentar políticas/iniciativas tendentes a disminuir el consumo de tabaco, alcohol y el resto de adicciones relacionadas o no con sustancias.

LE3-A3.3. Aprobar el Plan Integral de Prevención y Control del Tabaquismo.

LE3-A3.4. Elaborar la Ley de prevención de los efectos negativos del consumo de alcohol en menores.

También vemos aquí un ejemplo del planteamiento del presente apartado: de qué manera una única acción mejora muchísimos aspectos de la salud, como la acción LE3-A3.3. Nótese la contundencia con que la guía hace referencia al tabaco: «Fumar tabaco produce cáncer de pulmón, laringe, riñón, vejiga, estómago, colon, cavidad oral y esófago, así como leucemia, bronquitis crónica, enfermedad pulmonar obstructiva crónica, cardiopatía isquémica, infarto, aborto y parto prematuro, defectos de nacimiento e infertilidad, entre otras enfermedades». Una única acción, combatir el tabaco, resulta en múltiples beneficios para la salud, y el único efecto adverso es que perjudica la salud económica de la industria tabacalera.

Sobre esta línea de acciones priorizadas, el impacto positivo de la única medida que se está defendiendo en este libro es directo, pues entre las adicciones no relacionadas con sustancias están incluidas las pantallas y los juegos *online*, y los modelos de conducta que se transmiten mediante las pantallas en muchas ocasiones son incitadores del uso de sustancias. De modo que aprovecharé este apartado para hacer una propuesta a los redactores de la propia Estrategia de Salud Pública 2022 (ESP 2022): *en la versión de 2023, debería incluirse la LE3-A3.5. Elaborar la Ley de prevención de los efectos negativos de la exposición a pantallas en menores.*

LE3-A4. Promover la salud sexual desde un enfoque positivo, integral e inclusivo.

En el capítulo 6 abordaremos los efectos del acceso a pantallas de menores en la salud sexual, y cómo el mundo digital está devastando cualquier atisbo de salud sexual al que se pueda aspirar. Nunca antes se había visto tan deteriorada como ahora. El acceso de los menores a internet los expone a la pornografía y atenta directamente contra un enfoque positivo, integral e inclusivo de la sexualidad sana.

El hecho de que la salud sea considerada como un todo, y por tanto como un sistema complejo de interacciones, no debe desalentar la acción social, bien al contrario, la estrecha relación entre todos los aspectos del sistema permite que una acción resulte beneficiosa en múltiples ámbitos. La Estrategia de Salud Pública 2022 ni siquiera contempla la digitalización y las pantallas como un problema de salud pública con apartado propio, sin embargo, si lo hiciera, sería más factible conseguir muchos de los objetivos de salud pública con acciones de protección para nuestros menores, tanto a corto como a medio y largo plazo.

Los vulnerables

En la utilización del término «vulnerabilidad» se apoya otro de los recursos más explotados para seguir agitando las aguas, para generar confusión y continuar retrasando la aplicación de las medidas necesarias. Es un término cargado de ternura y está orientado a favorecer la implicación de los otros en la ayuda a quienes más lo necesitan, los *vulnerables*. Pero genera una coartada basada en el distanciamiento. En general, nadie se siente cómodo al ser señalado como vulnerable. En cuanto escuchamos que algo «afecta a la persona que ya tenía una vulnerabilidad», encontramos una salida inmediata para eludir precisamente lo que se pretendía con el uso estratégico del término, que era generar empatía. Así pues, el efecto logrado consiste en tranquilizarnos automáticamente mediante precarios razonamientos del tipo «ah, esta alerta no es para mí, es para los vulnerables, y ni mi familia ni yo lo somos, de manera que puedo estar tranquilo».

El siguiente ejemplo puede ayudarnos a precisar de qué estamos hablando. Los ejemplos de la heroína y el tabaco pueden ser útiles para identificar los rasgos comunes entre el uso y abuso de las pantallas y la digitalización, por un lado, y el consumo de sustancias nocivas, por el otro. Pero esta analogía no basta para perfilar la situación, porque las pantallas y la digitalización presentan matices que las distinguen de las sustancias tóxicas ilegales, de hecho, son más similares a las legales. Pongamos el ejemplo del deporte y el ejercicio físico. Para los bebés, los niños y los adolescentes, la actividad física es imprescindible para la salud. Los bebés practican y realizan ejercicio físico prácticamente desde el nacimiento, aguantando la cabeza, moviendo las manos y los pies, dándose la vuelta a los pocos meses, y luego desplazándose y gateando impulsados por la curiosidad. Posteriormente saltan, corren y se mueven incitados por el juego, que es el principal promotor del deporte y la actividad física en esas etapas. Los diseños de los parques infantiles parecen auténticas pistas de entrenamiento de los *marines* estadounidenses, eso sí, siempre se basan en la utilización del propio peso. Cuando los niños no tienen acceso a parques infantiles, aprovechan cualquier barra para colgarse o cualquier barandilla para hacer equilibrios. Por no hablar de las piscinas, después de un día de juegos en el agua suele seguir una plácida noche de descanso.

Otro asunto diferente son las salas de musculación. Las encontramos en todos los gimnasios del mundo, y en ellas a las personas que fortalecen sus músculos, cuidando así su salud. Hoy en día son tan importantes que no hay deportista, independientemente de su disciplina, que no pase por ellas. Actualmente, todos son verdaderos atletas, no importa que un futbolista utilice principalmente el tren inferior para el desempeño de su deporte, se ha demostrado que trabajar también el tren superior mejora el rendimiento general. Pues bien, los ejercicios de musculación, que pueden ser incluso recomendables para los adultos, están prohibidos durante la infancia y la primera parte de la adolescencia. Dado que el natural proceso madurativo de desarrollo muscular y óseo no ha finalizado, es una actividad que interfiere en el sano desarrollo físico infantil. Muchos gimnasios sencillamente prohíben la entrada a los menores de 18 años. Los menos restrictivos condicionan la entrada al acompañamiento de un adulto responsable, y nunca antes de los 14 o 15 años. Otro dato interesante es que algunas recomendaciones están diferenciadas por sexo: proponen un año de diferencia para los hombres y para las mujeres en el acceso a salas de musculación. Así, a las mujeres se les permitiría entrar un año antes que a los hombres porque se sabe que su desarrollo y madurez, de media, se inicia y culmina antes.

¿Qué se desprende de este ejemplo? Pues que algunos adultos pueden ser vulnerables y acabar desarrollando una vigoréxica obsesión con el ejercicio físico o una patológica dismorfofobia. Pero la mayoría de los adultos sencillamente considerarán los ejercicios de musculación como una de las actividades incluidas cada final de año en su lista de propósitos saludables para el próximo año... Para la inmensa mayoría de los adultos, excepto para los vulnerables, es una actividad positiva. Sin embargo, para quienes aún no han finalizado su desarrollo físico, es decir, para todos los niños y los adolescentes, es una actividad perjudicial. Podríamos afirmar entonces que todos los niños y adolescentes son vulnerables a ese tipo de actividad física. Y eso mismo es válido también en el caso de las pantallas: todos los menores son vulnerables a ellas. Los menores expuestos a ellas se encuentran sometidos a los efectos negativos que estas provocan en las personas que no han finalizado su proceso de desarrollo. Todos sufren las mismas consecuencias. Siempre puede variar la intensidad de la presentación de los síntomas, dependiendo de las características individuales de la persona. Sometido a un elemento que interfiera en su atención, un chico cuya capacidad atencional sea mayor que la de su compañero seguirá mostrando mejor resultado que este, pero peor resultado del que hubiese logrado sin la interferencia. Centrados en los efectos de las pantallas, igual que en las salas de musculación, no existe una suerte de clasificación de los adolescentes entre los vulnerables y los no vulnerables, la afectación es general. Así que aplicar un concepto como la vulnerabilidad al referirse a la cuestión del uso de pantallas entre los menores supone revolver las aguas para seguir generando confusión y dilatando las medidas necesarias de protección.

Las evidencias avalan la existencia de un impacto negativo de las pantallas en las personas en desarrollo,[100] por lo que resulta incomprensible que se siga posponiendo la toma de decisiones al respecto. La estrategia de agitar las aguas del debate para generar confusión repercute en un incremento de las personas con elevado malestar. Es lamentable que nos veamos obligados a tomar conciencia de la magnitud del problema de la peor forma: comprobando los duros datos acerca del creciente número de afectados. Pero sería mucho peor que no reaccionáramos ni siquiera a la luz de estos datos. Según el informe *Youth Risk Behavior Survey Data Summary & Trends Report*, elaborado por los Centers for Disease Control and Prevention (CDC)[10] (2023), que muestra la evolución del malestar en adolescentes estadounidenses de 2011 a 2021, la mayoría de las adolescentes de Estados Unidos, el 57 %, es decir, casi seis de cada diez, refieren sentimientos persistentes de tristeza y desesperanza, y esto supone un incremento de 21 puntos porcentuales (del 36 al 57 %) en esos diez años. No es una cuestión de vulnerabilidad, no podemos mirar a otro lado y hacer como si fuese un asunto que no nos atañe. La afectación es generalizada y ya repercute en la mayoría de las adolescentes estadounidenses, no en un supuesto grupo minoritario vulnerable.

EL FALSO JUICIO

Daremos por concluida la revisión de las falacias que enturbian el debate con una de las estrategias desinformativas a la que ya hemos aludido en relación con los estudios y los comités de ética. El último giro por parte de las más importantes empresas tecnológicas consiste en posicionarse como acusadas en un juicio. Efectivamente, esa es la posición en la que sin duda acabarán algún día, pero de momento, y en el contexto en el que nos hallamos, ese posicionamiento es prematuro y está fuera de lugar. No nos encontramos en el ámbito de la justicia, sino en el de la educación, el bienestar y la salud pública. No debemos adoptar el papel de fiscales obligados a demostrar con ensayos clínicos (imposibles de realizar), la relación causal entre el uso de las pantallas y el malestar de nuestros niños y adolescentes. La carga de la prueba recae sobre las grandes empresas tecnológicas. Son ellas las que tendrán que demostrar que sus productos no solo no son nocivos para la salud de nuestros hijos en periodo de desarrollo, sino que presentan efectos beneficiosos que superan con mucho los perjuicios. Y lo tienen difícil, porque la evidencia disponible precisamente apunta a lo contrario. En definitiva, volviendo a nuestra analogía, deben demostrar que el agua que embotellan y comercializan no está contaminada y es nutritiva.

Sin duda, cuando hablamos de la salud de nuestros niños y adolescentes, la movilización de recursos económicos no debería suponer ningún escollo, pero resulta que la prohibición, limitación o regulación del uso de las pantallas en la infancia y adolescencia sería incluso una intervención muy sostenible económicamente. No solo no requeriría inversiones, sino que ahorraría millones de euros a la Administración, que podrían usarse en otras partidas, como aquellas destinadas a garantizar que todos los niños, independientemente del nivel socioeconómico de sus familias, puedan acceder a ciertas actividades extraescolares, tal como ya hemos apuntado (cf. *supra*, p. 31). *Una medida como la prohibición o regulación del uso de los dispositivos antes de los 16 años directamente supondría un ahorro inmediato y directo a las familias* y a la Administración, al menos en lo relativo a la educación. Y a largo plazo implicaría un ahorro en el ámbito de la salud y la justicia.

No, esto no es un juicio, no podemos hablar en términos de derechos del acusado. De lo que se trata es de la protección de nuestros menores, y en estos momentos la digitalización es nuestro principal sospechoso en términos del empeoramiento progresivo del bienestar de los menores en los últimos diez años. La propia Declaración Europea sobre los Derechos y Principios Digitales para la Década Digital,[11] en el capítulo V (seguridad, protección y empoderamiento), apartado 21.c, se compromete a «proteger a todos los niños y todos los jóvenes frente a los contenidos dañinos e ilegales, la explotación, la manipulación y el abuso en línea, y evitar que el espacio digital se utilice para cometer o facilitar delitos».

Hay que decir que la Declaración se caracteriza por una equidistancia que solo se entiende como un intento de conseguir el máximo consenso y adhesión de todos los firmantes. A lo largo de todo el texto se hace referencia en reiteradas ocasiones a unas posibles oportunidades, que se contraponen a los posibles riesgos. Pero este compromiso a futuro del capítulo V, apartado 21.c, es devastador: evidencia nuestros errores estratégicos del pasado, del presente y por lo visto del futuro. Asimismo, acredita dos realidades del presente, a saber: (1) que nuestros menores hoy en día están expuestos a los peligros citados (contenidos dañinos e ilegales, la explotación, la manipulación y el abuso en línea), y; (2) que, sin previa deliberación ética, en lugar de generar un escenario seguro al que invitar a nuestros menores a entrar, generamos un espacio inseguro al que los «forzamos a entrar». Eso sí, con el compromiso de que en un futuro lograremos que sea un espacio seguro. Mientras nosotros intentamos conseguir eso, ellos siguen expuestos a todos los peligros mencionados, sufriendo las consecuencias en términos de malestar y desbordando los sistemas de salud en general, y de salud mental en particular.

Mucho más dolorosos que el texto de la Declaración Europea sobre los Derechos y Principios Digitales para la Década Digital son el informe anual publicado en 2023 por Qustodio,[12] y el informe de UNICEF de 2021.[13] Ambos presentan unos datos aterradores, profundamente preocupantes. El informe de UNICEF señala, en la Conclusión 5, que la digitalización se está convirtiendo en un problema de salud pública, y sustenta esa afirmación en todos los datos reunidos en su informe y en estudios aparecidos en publicaciones internacionales. Pero resulta muy difícil entender su Conclusión 2:

> El uso de las pantallas supone un aporte trascendental innegociable para los adolescentes, tanto a nivel social como emocional. Los ayuda a hacer amigos, a no sentirse solos y encuentran a través de la Red alegría, diversión, placer, apoyo, comprensión y bienestar emocional, un surtidor de afectos y experiencias en el que priman las emociones positivas y sin el que hoy parecería difícil vivir.

Esta conclusión nos deja perplejos, una vez que han quedado reflejadas a lo largo del informe las múltiples complicaciones que el uso de las pantallas provoca. Y aún más paradójica resulta si la comparamos con la Conclusión 5, donde dicho uso se considera un problema de salud pública, o con la Conclusión 4:

> En contraposición con los datos anteriores, llama la atención el escaso nivel de supervisión que parecen estar ejerciendo madres y padres, no del todo conscientes de su papel como modelo en el uso de las pantallas, de la necesidad de acompañamiento y de establecer una buena higiene digital en el hogar.

Lo que llama la atención no es la poca supervisión de los padres. Lo sorprendente sería que en vista del informe los padres entendieran que deben supervisar a sus hijos, porque antes de la Conclusión 4 han leído la Conclusión 2, y obviamente se han quedado tan tranquilos. Se diría que todos los datos reunidos en el informe acerca de la depresión, el suicidio, el acoso, el *sexting*, la pornografía o las propuestas sexuales a menores por parte de adultos hubiesen sido olvidados al redactar la Conclusión 2. Es la posición y la interpretación de los datos hecha por la propia UNICEF lo que desconcierta. Las madres y los padres no tienen ninguna culpa, lo que sorprendería es que se sintieran bien orientados ante los dobles mensajes de este informe.

Por último, citemos la Conclusión 10:

La Educación *online* ha llegado para quedarse, constituyendo un nuevo desafío, no solo a nivel tecnológico, sino también didáctico y vital si queremos que sea una herramienta eficaz de aprendizaje.

Esta conclusión, además de generar un profundo desánimo, es una anticonclusión. Las anteriores se podrían entender como negligentes o inadecuadas, pero al menos se ajustan a algunos resultados presentados. Pero la Conclusión 10 no responde a ninguno de los datos presentados. ¿Por qué afirman que «la Educación *online* ha llegado para quedarse»? Supongo que se refieren a que ha llegado a las instituciones educativas en general, exceptuando, eso sí, los centros educativos privados de Silicon Valley.

Afortunadamente, contamos también con informes recientes, en los que no se aprecia rastro de influencia de *lobbies* o intereses particulares. En ellos, las conclusiones se extraen directamente de los impactantes resultados. Hablo del informe elaborado por Sapien Labs, con datos del Global Mind Project (formalmente conocido como Mental Health Million Project), con una muestra de casi 30 000 sujetos.[100] Este informe nos ofrece evidencias de la relación entre *la edad* a la que se accede a un *smartphone* o a una *tablet* con acceso internet y *el bienestar o los comportamientos problemáticos*.

Así, a mayor edad de acceso al primer dispositivo, se observa una mayor calidad de vida en la vida adulta.

Seguramente esto se explique por la relación con el resto de resultados, en los que se observa, entre otros, que, tanto la percepción de nosotros mismos, como nuestras relaciones con los otros sufren un importante deterioro cuanto menor es la edad de acceso al primer dispositivo. Asimismo, el número de problemas de salud mental decrece cuanto mayor es la edad de acceso al primer dispositivo. Todos estos hallazgos ayudan a entender al último al que haremos referencia: el marcado descenso en la ideación y en los intentos de suicidio está asociado al retraso en la edad de acceso al primer dispositivo.

Como en todos los estudios citados a lo largo del trabajo, todos estos efectos son más marcados en mujeres que en hombres, pero el que hace referencia a la ideación de muerte y las tentativas de suicidio es muy marcado en ambos sexos. Sin duda, y con mucha diferencia, este es el mejor informe de los citados en este libro, y no únicamente por la calidad de los datos, sino, y muy especialmente, por la profesionalidad de la exposición y de sus conclusiones, en la que no se vislumbra el menor atisbo de interferencia.

No voy a negar a nadie que la digitalización, en parte, es inevitable e irreversible, sería una incoherencia y no conozco a nadie que haya abogado por tal cosa. Pero por el momento, a la luz de los datos, es perjudicial para los niños y adolescentes. Es un mundo para adultos, como lo son la conducción de vehículos, el mundo laboral, el derecho a voto, el acceso a las drogas legales, el acceso a espectáculos sexuales, incluso el acceso libre a salas de musculación.

El psiquiatra, psicólogo y neurocientífico Manfred Spitzer nos dice que la digitalización está hecha para ayudarnos a trabajar en la edad adulta, no para aprender en la infancia y la adolescencia. Es un argumento sólido —al que se le suman todos los peligros que expone en su ensayo— e invita a pensar que lo más razonable sería hacer lo contrario de lo que se está haciendo: en lugar de dar acceso a los menores al mundo digital y luego intentar hacer que ese mundo sea seguro, primero deberíamos proteger a los niños y adolescentes y no exponerlos a todos esos riesgos, al menos hasta que tengamos las garantías de que hemos conseguido que ese mundo sea seguro. Valdría la pena exigirnos un poco más, y no solo asegurarnos de que el mundo digital sea seguro, sino constatar además si presenta beneficios plausibles e irrenunciables que puedan justificar la entrada en él antes de la mayoría de edad, durante la infancia y la adolescencia. Al final es exactamente lo que se defiende en la Declaración Europea sobre los Derechos y Principios Digitales para la Década Digital: es la persona la que está en el centro y es la digitalización la que debería ponerse al servicio de la salud de las personas, no sacrificar a estas para mantener la salud de la industria digital.

CALMANDO LAS AGUAS

No quiero terminar este capítulo sin aportar una nota de esperanza a pesar de las aguas revueltas. La plasticidad cerebral de nuestros niños y adolescentes hace cosas maravillosas. Hay evidencias de que las lesiones cerebrales en la infancia tienen menores consecuencias que en la edad adulta, porque la plasticidad y el desarrollo del cerebro facilitan o promueven que otras áreas cerebrales asuman funciones para las que de entrada no estaban programadas. La rehabilitación cognitiva y el aprendizaje modifican las estructuras cerebrales. Se ha visto cómo la práctica del violín cambia la morfología cerebral de tal forma que, en personas diestras, la representación de la mano izquierda en el hemisferio derecho es tan grande como la representación de la mano derecha en el hemisferio izquierdo. Algo impensable en personas diestras que no sometemos a la mano izquierda a esas horas de práctica.

No caben los sentimientos de culpabilidad. Independientemente de las horas de exposición a pantallas que haya tenido mi hijo de 7, 8 o 12 años, retirar el contaminante repercute directamente en la recuperación. Las experiencias en colegios de Nueva

York de las que se ha hecho eco la prensa son muy interesantes. Venían a decir lo siguiente: «Les hemos prohibido el móvil en los colegios, y a los chicos les ha dado igual». Pues exactamente lo mismo ocurriría en las casas. Cuando a los chicos se les pasa el enfado por la restricción, cuando superan el mono, encuentran el alivio de la libertad, de la calma y siguen haciendo actividades. Ningún chico se queda sin beber por no tener su agua favorita, la sed le lleva a seguir buscando agua. Nosotros lo vemos continuamente en los hospitales, se restringe el acceso al móvil durante el ingreso en salud mental, y lo único que pasa es que el chico está enfadado el primer momento, como entienden que es una norma para todos los pacientes, la queja se desvanece antes, luego son ellos mismos los que reconocen la tranquilidad, la liberación de no verse compelidos a un constante chequeo, a una verificación periódica, a una interminable frustración ante la comparación en redes, etc. Precisamente, otro factor confirmatorio de los efectos negativos de la exposición a pantallas parece demostrarse por su reversibilidad. Así, en un estudio experimental con un grupo control de adultos jóvenes de entre 17 y 25 años, se observó que la reducción del uso de redes sociales en *smartphones* producía una mejora significativa de la satisfacción con la apariencia y peso en jóvenes.[14]

Esta misma reversibilidad se traduce en el alivio que experimentan los adultos que, incomodados por los efectos personales propios de la presión de las redes, se han sometido voluntariamente a una desconexión digital. El lector se preguntará qué ocurre entonces cuando los chicos que han sido ingresados salen del hospital. Pues me temo que, menos armados que los adultos de estrategias para mantener esa desconexión, lo primero que hacen es volver a beber del arroyo contaminado. Demasiados especialistas en comportamiento humano, en diseño y en ingeniería están trabajando para desbordar su voluntad, demasiada sensación de inevitabilidad habita en todos los ámbitos de la sociedad, incluso profesionales y entidades referentes del cuidado del niño y del adolescente, como UNICEF. Así, con una sociedad todavía no movilizada, y ante la falta de marco legislativo orientador, es muy difícil... Por eso precisamente *no caben los sentimientos de culpa individuales, lo que sí requiere la situación es una acción colectiva.* Como toda acción colectiva, no es necesaria la implicación de todos, solo de una parte, que ni siquiera tiene que ser mayoritaria. La causa lo vale, lo que no hagamos para proteger a nuestros menores no lo harán ni la industria de alimentos azucarados, ni las tabacaleras, ni las tecnológicas.

3
ALIANZA DE PANDEMIAS

La pandemia de COVID-19 sin duda revolucionó el mundo durante un tiempo. Todo estaba al revés, de repente una especialidad médica discreta, de la que solo nos acordábamos cuando queríamos visitar algún país exótico, la epidemiología, adquirió una gran notoriedad social y los epidemiólogos recibieron la atención mediática y de toda la población durante muchos meses. Los laboratorios farmacéuticos no cambiaron nada, siguieron con su línea y consiguieron beneficios estratosféricos, esta vez con el desarrollo de vacunas. Esto sí significó un cambio, pues las vacunas se desarrollaron a una velocidad nunca vista: procedimientos y avances que precisaban años se llevaron a cabo en meses. Mascarillas, guantes, respiradores, desinfectantes, multitud de productos se hicieron imprescindibles y, por tanto, también su producción y distribución. Amazon abrió multitud de nuevos centros de distribución, pero también sacaron partido del mismo mercado que Netflix, Disney, HBO, Apple TV... En efecto, las más beneficiadas, con mucha distancia respecto al resto, fueron las empresas tecnológicas, principalmente por dos motivos. Primero, por el impulso en la implantación. Anunciaron que la pandemia iba a suponer una oportunidad para acelerar la digitalización de la vida en todos los ámbitos. Y efectivamente así fue, la pandemia de COVID-19 significó un impulso sin parangón para la digitalización. Lo que no vimos venir, y lo que muchos continúan negando, es que —y este sería el segundo motivo por el que las tecnológicas se vieron beneficiadas— también supuso la coartada perfecta para tapar las indeseables consecuencias de dicha implantación. Así, gracias a la pandemia se incrementó el teletrabajo, se profundizó la digitalización en las escuelas y en las casas y se propagó un uso masivo y extensivo de los dispositivos, cuya creciente familiarización los hizo parecer, no solo inofensivos, sino amigables e incluso positivos. Nos iban a permitir mantener el vínculo con los otros, aprenderíamos a tocar la guitarra y a cocinar y, cómo no, íbamos a salir de casa todos hechos unos auténticos modelos, en plena forma. Todos los efectos positivos, verdaderos o inventados, eran atribuidos a la implantación y la creciente digitalización. Ahora bien, todo el malestar generado por el uso de estos dispositivos en la infancia y la adolescencia, todos y cada uno de ellos eran atribuidos a la pandemia de COVID-19.

Entre muchos profesionales sanitarios asistenciales se generalizó el señalamiento a la prensa, como si desde ella se estuviera generando en la sociedad un injustificable alarmismo. Lo más fácil era atribuir cierta torpeza o incompetencia en el ámbito periodístico. Pero tampoco parecía una respuesta satisfactoria. Ya aludimos previamente a la potencia de la creación de relatos y eslóganes, cómo estos son capaces de revolver las aguas y permitir que algunos saquen partido de la confusión. No hay ingenuidad detrás de los relatos, sino intencionalidad, precisión y mucho trabajo. A veces todo eso pasa desapercibido incluso para quien propaga el relato, de otro modo le resultaría difícil defenderlo. Los argumentarios de los partidos políticos no son casuales, detrás de ellos hay muchísima dedicación e intencionalidad. Resulta obvio que los partidos políticos no sean los únicos que los utilizan, también las marcas y los *lobbies* se sirven de ellos. Veamos, a modo de ejemplo, dos de las ideas erróneas que se difundieron:

La primera, desde el periodismo de primera línea: tertulianos, cargos medios de la Administración, de departamentos de educación y de salud, todos difundiendo el eslogan de que «a los adolescentes les hemos robado los mejores años de su vida». En un primer momento, la crueldad del argumento únicamente puede hacer pensar que es una torpeza de alguien con buena intención. Uno se inclina por pensar que la persona que transmite este mensaje realmente cree que está justificando o explicando algo, que ha encontrado la verdad, quizás llevada por una suerte de pensamiento lógico-deductivo. No, simplemente ha comprado un eslogan. Independientemente de cuál sea su intencionalidad, no se puede obviar la consecuencia de tal relato. Si una persona hace un sacrificio, si una persona hace un esfuerzo, especialmente cuando se le ha pedido que lo haga, lo que parece más oportuno es agradecérselo. Lo más razonable sería dirigirse a todos esos niños y adolescentes que se quedaron en sus casas, obligados en buena parte por sus padres, y decirles algo del tipo: «Muchas gracias, chicas y chicos, con vuestro esfuerzo y sacrificio habéis salvado muchas vidas, habéis puesto vuestro granito de arena para evitar una propagación más rápida del virus, y así hemos conseguido mantener las UCI menos desbordadas de lo que hubieran estado. Muchas gracias porque eso ha salvado muchísimas vidas». Pero no, en lugar de eso, se les dice una mentira de primer orden: «Les hemos robado los mejores años de su vida». La pregunta es obligada, ¿quién tiene los mejores años de su vida en la adolescencia? La adolescencia no supone los mejores años de la vida, porque todo adolescente tiene la «obligación» o el «reto» de transitar y superar una crisis, a través de la cual saldrá un primer boceto de lo que será el adulto. Esto no es únicamente un planteamiento teórico, diferentes estudios evidencian que en la adolescencia se observa una disminución de la satisfacción con la vida.[15,16]

Uno puede imaginarse cómo se debe sentir una persona que, tras hacer un esfuerzo que le han pedido, en lugar de reconocimiento y agradecimiento se le devuelve compasión, se la sitúa en una posición de haber sido robada, estafada, y se le da a entender que se le debe algo y que, por si fuera poco, se le ha tomado el pelo. No parece la mejor forma de tratar con los adolescentes, para quienes el enfado es la respuesta propia de su momento vital. Enfadados con todo y ante las múltiples injusticias del mundo, solo les faltaba lo que parece una suerte de mofa.

La segunda idea errónea difundida incurre en los mismos desaciertos que la primera, pero lo hace con mayor crueldad. Podría sintetizarse así: «Durante la pandemia tratamos a los niños y a los adolescentes peor que a los perros, pues a estos los dejábamos salir a pasear». Y así, los adolescentes, cargados de rabia por haber sido «tratados como perros», exigen quemar las naves, «recuperar el tiempo robado». Los padres, incapaces de poner límites —porque «les hemos robado a nuestros hijos los mejores años de la vida, los hemos tratado peor que a perros»—, buscan compensarlos de algún modo, justificando todo por el hecho de haber estado encerrados dos meses de su vida.

No, no parece torpeza, ni tampoco crueldad, más bien se diría que con este mensaje se aspira a ocultar una pandemia con otra, se procura buscar un culpable razonable, cambiar el foco de atención. Parece más bien una estrategia de *marketing*, con muchos beneficios en juego. Sencillamente, podría ser otro acierto de los eficientes psicólogos, publicistas, creativos e ingenieros de las *Big Tech*. En el capítulo anterior nos hemos referido a la «causa única» como una de las estrategias usadas para no reconocer los efectos negativos de la digitalización. Según este torticero razonamiento, como no es la única causa del malestar no se puede reconocer la parte de culpa que sí tiene la digitalización. No obstante, y sin la más mínima vergüenza, se utiliza este mismo argumento, el de la «causa única», pero en sentido contrario: la pandemia de COVID-19 sí que resulta ser la única culpable del malestar en la infancia y la adolescencia, no importa los años que hayan pasado desde el breve periodo de confinamiento. Por supuesto, no es una cuestión de torpeza, sino un error de diagnóstico hecho con mala fe por algunos grupos de interés, y seguido de buena fe por muchas personas. Sus consecuencias son claramente negativas: se ha conseguido retrasar el tratamiento, y mientras no extirpemos el tumor, este seguirá creciendo.

LA PANDEMIA DE COVID-19

Hemos hecho referencia con anterioridad al incremento del malestar en los jóvenes que se venía observando desde antes de la irrupción de la pandemia de COVID-19. En este apartado vamos a centrarnos únicamente en las consecuencias propias de dicha pandemia. Para este objetivo, se hace necesario conocer el contexto previo y sus tendencias, y la alteración de estas debido a la irrupción de la pandemia. Es precisamente este factor el que puede explicar las discrepancias de algunos estudios.

Lo primero que destaca es que muchos de los primeros estudios sobre las consecuencias de la pandemia no encontraban un empeoramiento claro en la salud mental de la población en general. Los resultados de un metaanálisis reciente, publicado en febrero de 2023,[17] evidenciaron un *leve* empeoramiento de la depresión en la población general, pero estadísticamente poco significativo. De hecho, algunos expertos ya habían hecho referencia al efecto protector del *Pulling together effect*,[18] que se da al enfrentar un reto social compartido, pues incrementa la participación e incluso puede otorgar sentido al sufrimiento, haciéndolo más tolerable. En términos coloquiales, recuerda a la idea de que «un enemigo común une más a las personas», pero con la ventaja de que, en esta ocasión, el enemigo no eran otras personas.

Por otro lado, otros estudios muestran que la pandemia incrementó el malestar en la población, incluso la conducta suicida. Las causas identificadas fueron: los estresores financieros, la violencia doméstica, el uso de alcohol, el aislamiento, la confusión, la soledad, el duelo, la pérdida de acceso a recursos de apoyo social o religioso, el acceso a medios letales y a una exposición irresponsable y alarmista de la información.[18,20,21]

Asimismo, en su informe, la OMS[19] refleja un incremento significativo de problemas de salud mental durante la pandemia, no tanto a nivel general, como sí específicamente en la población más joven, y más en las mujeres que en los hombres.

El verdadero reto a la hora de interpretar estos datos reside en intentar explicarlos precisamente teniendo en cuenta las diferencias de sexo y de edad. Todos los fenómenos que acabamos de citar como causantes del malestar, *a priori*, no tendrían por qué presentar diferencias entre hombres y mujeres. Así, una situación de aislamiento debería afectar a todos por igual. Además, hay que considerar también que el aislamiento se daría eventualmente en adultos o mayores que viviesen solos. En la adolescencia no se suele dar una situación de aislamiento total, pues los niños y adolescentes conviven, al menos, con un adulto. Con respecto al duelo y a la imposibilidad de despedirse de muchas de las personas que fallecieron durante la pandemia, entendemos que tampoco deberían observarse diferencias entre hombres y mujeres. Lo mismo con respecto a los estresores financieros y las restricciones específicas para adolescentes, como los grupos burbuja y la limitación de las actividades extraescolares. Sí podríamos identificar diferencias entre hombres y mujeres en lo tocante al abuso de bebidas alcohólicas, que se encuentra relacionado con incrementos de la conflictiva familiar, en la que los menores y las mujeres suelen ser las principales víctimas.

Veamos qué hemos podido observar en la realidad de la asistencia clínica en el servicio de urgencias y de hospitalización de salud mental infanto-juvenil del Hospital Sant Joan de Déu de Barcelona. A menudo las hipótesis de investigación se extraen precisamente de preguntas derivadas de la realidad asistencial. En relación con las visitas a urgencias, estas experimentaron una reducción durante los dos meses de confinamiento total. Además, se observó un cambio claro en el perfil de pacientes durante estos meses. Específicamente en el programa de suicidio, el perfil de los chicos atendidos cambió mucho. En los años previos a la pandemia los problemas principales que explicaban los adolescentes se relacionaban con las dificultades que encontraban a la hora de seguir con el ritmo marcado, tanto en el aspecto académico como en cuanto a las exigencias del proceso de socialización, las expectativas sociales y otro tipo de presiones. Pero durante la pandemia, los chicos que acudían a urgencias e ingresaban padecían principalmente a causa de problemas con el grupo primario de apoyo. Así, todos los chicos cuyo principal foco de conflicto se encontraba en el marco de la familia —aquellos para los que la escuela y los amigos suponían un apoyo para continuar con sus vidas— se vieron sometidos a mayores horas de convivencia familiar y, con ellas, las situaciones de maltrato y abuso se agudizaron, haciéndose insostenibles e insoportables. En resumen, la realidad asistencial durante el confinamiento total presentó dos características principales: (1) las urgencias e ingresos psiquiátricos en el hospital disminuyeron y, especialmente, en relación con la conducta suicida. Estos datos coinciden entre lo observado en nuestro entorno[22] y a nivel internacional,[23] y (2) surge un perfil diferente de pacientes: aquellos en los que la conflictiva familiar era el principal estresor se vieron más afectados.

¿Qué pasó tras el confinamiento? Lo primero que observamos fue que se recuperaron los niveles de urgencias previos al confinamiento de forma inmediata, que el perfil de los chicos volvió a ser el habitual antes del confinamiento y que la motivación ya no se centraba tanto en la conflictiva familiar. Unos meses después, a partir de noviembre de 2020, pasados dos meses desde el inicio del nuevo curso académico, que comenzó con limitaciones en las escuelas, grupos burbuja, turnos para patios y mascarillas, etc., se experimentó un importante incremento de las urgencias de salud mental, que se ha mantenido hasta 2023, es decir, tres años después.

Nuevamente, este crecimiento fue desigual para hombres y mujeres. Mientras los chicos retornaron a su línea base, propia de los años anteriores a la pandemia, y allí se mantuvieron, las chicas incrementaron su concurrencia a urgencias de forma considerable, hasta el punto de que el acrecentamiento completo, sin distinción de sexos, en comparación con la prepandemia se puede atribuir al aumento de casos entre las chicas, un dato que también coincide con informes internacionales.[10]

Especialmente significativos fueron los incrementos en dos problemáticas: los trastornos de conducta alimentaria (TCA) y la conducta suicida, dos formas de expresión del malestar más prevalentes en mujeres. Esta realidad observada en el Hospital Sant Joan de Déu de Barcelona nuevamente coincidió con datos de otros servicios de urgencias, tanto respecto a la conducta suicida sin resultado mortal[22,24] como en lo tocante a los trastornos de la conducta alimentaria (TCA).[25] Ambas problemáticas, por cierto, se encuentran muy relacionadas con las influencias sociales y, precisamente, con la exposición a las pantallas.[14,26,27]

Uno de los aspectos señalados con preocupación por parte de los profesionales respecto a las consecuencias de la pandemia de COVID-19 consistía en las limitaciones o las barreras para el acceso y la aplicación de los tratamientos en los dispositivos de salud mental.[18] Y ese sin duda fue un inconveniente específico de la pandemia. Así, en nuestro entorno, centros de alta contención, como los Hospitales de Día comunitarios, acabaron cerrando durante una temporada por las complicaciones y restricciones de la presencialidad, un aspecto esencial que está en la base del potencial terapéutico de estos dispositivos. Lo mismo sucedió en los centros de salud mental comunitaria infanto-juveniles, que, ante las restricciones de acceso, se vieron obligados a ofrecer atención en formatos que adolecen de una menor capacidad de contención, como las visitas telemáticas. A ello se sumaba la afectación de los equipos asistenciales provocada por las bajas laborales de profesionales, en su mayoría como consecuencia de los propios contagios del virus. Todas estas dificultades en los dispositivos asistenciales de contención sin duda tuvieron un papel relevante en el incremento exponencial de las urgencias de salud mental de los hospitales.

Cuando todas las restricciones mencionadas cesaron, los menores recuperaron la presencialidad en el colegio, se quitaron las limitaciones en la interacción, como el uso de la mascarilla o la formación de grupos burbuja, y se recuperaron las actividades y los espacios de socialización, los centros de salud mental comunitaria recuperaron su nivel de funcionamiento prepandemia. Sin embargo, algunos organismos internacionales alertan de que muchos jóvenes continúan mostrando signos de un importante malestar,[28,29] entre ellos, UNICEF[13] y CDC[10] ya manifiestan específicamente su preocupación por un elemento muy relacionado con la pandemia de COVID-19: los efectos de la exposición a las pantallas.

Durante la pandemia, millones de menores se encontraron confinados en sus hogares y, por extensión, en sus pantallas.[28] Internet se erigió en principal fuente de ocio, socialización, aprendizaje y actualización de la información,[30] y a nivel internacional se registró un incremento general en el uso de tecnologías digitales,[31] especialmente de las plataformas de redes sociales, con aplicaciones como TikTok, Pinterest, Reddit, Facebook, Snapchat, Instagram, LinkedIn y Twitter, con un incremento de usuarios activos del 8 al 38 %.[32] Algunas estimaciones de los tiempos de exposición a las pantallas fueron realmente impactantes. En una muestra de 1 860 adolescentes de entre 12 y 18 años, se reflejaba que los participantes pasaban más de seis horas al día frente a las pantallas con fines educativos, y de cuatro a seis horas al día realizando actividades recreativas.[33]

Según parece, la pandemia, además de las consecuencias directas propias de la situación de presión a la que se sometió a la sociedad, produjo unos efectos secundarios particulares. Mientras que, por un lado, afectaba más intensamente a las personas mayores, de modo que a los jóvenes les correspondía un papel de solidaridad, consistente en asumir como propias restricciones llamadas a salvar vidas de otras generaciones, a su vez, por otro lado, supuso una coartada para la profundización y propagación de otra pandemia silenciosa —o, más que silenciosa, silenciada—, que, esta sí, repercutía directamente sobre los jóvenes. Así, las medidas apropiadas para mitigar la transmisión del virus constituyeron un terreno abonado para la proliferación y la contaminación de la otra gran pandemia, la pandemia digital, con una mayor afectación en los jóvenes. Una siniestra sinergia entre pandemias. El confinamiento indujo a un consumo masivo de dispositivos digitales, acelerando la nueva realidad de uso de pantallas en los hogares, que actualmente todavía perdura a pesar del fin de las restricciones.[34]

PANDEMIA Y DIGITALIZACIÓN

¿Qué pasó con la inmersión en el mundo digital entre los jóvenes durante la pandemia? Lo que en un primer momento parecía ser un factor protector y de bienestar, al potenciar las conexiones sociales y reducir los sentimientos de soledad y aislamiento, más tarde reveló sus efectos perjudiciales.[35] El uso de redes sociales durante la pandemia, contrariamente a lo esperado por algunos, pero en línea con la evidencia disponible en aquel momento, se asoció con un aumento de la depresión y la ansiedad,[36] y, efectivamente, al parecer, los problemas de salud mental en general tuvieron una incidencia mayor entre las mujeres.[37] También los efectos negativos sobre la autoestima, la presión por la delgadez y la insatisfacción corporal que se asocian con el uso de la plataforma Instagram afectan en mayor medida a las mujeres,[38] con el consiguiente riesgo de que estos fenómenos contribuyan al desarrollo de trastornos de la conducta alimentaria. Como ya hemos advertido, estos efectos no se encuentran circunscritos a la adolescencia, también se observan en la edad adulta, pero especialmente en adultos jóvenes. Así, en los mayores de 18 años también se observa esta relación entre el uso de redes y el malestar. En un estudio se observó que el uso comparativo de las redes sociales era el mejor predictor de distrés emocional.[39] Además, se mostró que las mujeres se encuentran con mayor frecuencia ante experiencias negativas en las redes sociales, en comparación con los hombres.[40]

Ciertamente, la pandemia de la digitalización ya estaba presente antes de la pandemia de COVID-19. Desde 2019, casi todos los estudiantes de 15 años en los países de la OCDE tienen acceso a internet (95 %, en promedio).[41] Ya hemos comentado que los informes PISA nos indican que estos niveles ya se habían alcanzado en España desde 2015.[4] De hecho, en 2015 los estudiantes españoles empleaban un promedio de 167 minutos diarios en internet, es decir, 2 horas y 47 minutos, exactamente una hora más de lo que dedicaban en 2012. El propio informe PISA señala que en 2018 ya superaban las tres horas diarias conectados fuera del centro escolar, a lo que habría que sumar el tiempo que estuvieran conectados dentro del centro, y llegaban a las tres horas y media durante el fin de semana.[41]

Dos grupos de investigación han protagonizado uno de los debates científicos más interesantes en el ámbito del estudio del malestar emocional y la digitalización, al analizar los datos de tres grandes bases de datos de Inglaterra y de Estados Unidos: *Youth Risk and Behaviour Survey* (YRBS), *Monitoring the Future* (MTF) y *Millennium Cohort Study* (MCS). Por un lado, Twenge y colaboradores encontraron efectos perjudiciales atribuibles a la exposición a las pantallas, consistentes en incrementos de la sintomatología depresiva y de la conducta suicida, especialmente en mujeres.[42] Por su parte, el grupo de Orben y Przybylski se limitó a enfatizar la dificultad que existe a la hora de atribuir causalidad en esos estudios en la relación entre el uso de pantallas y el malestar emocional. Así, incluso ante indicios estadísticamente significativos de la existencia de dicha relación, Orben y Przybylski argumentan que no son suficientemente grandes como para promover cambios de políticas públicas de acceso a pantallas.[43] Por su parte, el grupo de Twenge y colaboradores puso en evidencia los análisis de Orben y Przybylski,[44] a lo que estos respondieron de forma inmediata.[45] Las críticas constructivas a los análisis de Orben y Przybylski —tales como que estos habían minimizado la relación entre uso de pantallas y malestar al no separar las muestras por sexo—, permitieron a estos autores mejorar sus análisis e incluso evidenciar aspectos evolutivos interesantísimos. Ciertamente, se trata de evidencias de un hecho que podría parecer obvio para cualquier padre o cualquier docente: hay diferencias en la sensibilidad evolutiva entre hombres y mujeres. Así, para las mujeres la ventana sensible de afectación a la exposición a redes se observa entre los 10 y los 13 años, mientras que en los hombres se observa entre los 14 y los 15 años.[46] Otro elemento destacable de este estudio consiste en que se vuelve a presentar otra ventana de afectación, esta vez igual para hombres y mujeres, justo al entrar a la vida adulta, a los 19 años. Son resultados interesantes para compañeros que insisten en subrayar la situación de vulnerabilidad que observan en estudiantes universitarios de primer y segundo año.

Antes de la pandemia de COVID-19, otros grupos no implicados directamente en el debate habían aportado evidencias de la existencia de una asociación entre el uso de redes sociales y síntomas depresivos, y ya señalaban que esta relación era mucho más fuerte entre las mujeres.[47] En consecuencia, y a la luz de sus evidencias y de la asociación entre el uso de redes sociales, la televisión y la sintomatología depresiva, habían recomendado que se regulase el uso de estas pantallas en adolescentes.[48]

El grupo de Twenge y colaboradores va más allá y explica que la asociación se produce a través de dos vías de acción diferenciadas: la primera por los riesgos asociados al propio uso (entre ellas, la exposición a la violencia), y la segunda porque dicho uso competía con otro tipo de actividades que habían demostrado correlación inversa con la sintomatología depresiva, como son las actividades al aire libre y la participación en actividades comunitarias. También encontraron efectos más marcados en el caso de las mujeres.[42]

Los efectos perjudiciales en la salud psicofísica, el desarrollo y los hábitos de vida saludables de niños y adolescentes causados por la exposición a las pantallas están ampliamente documentados ya desde antes de la pandemia.[49] El uso de pantallas está relacionado con un incremento del malestar emocional, que se traduce en un aumento de patologías y/o formas de expresión de dicho malestar, como la ansiedad, la depresión, los trastornos de la conducta alimentaria y la conducta suicida. A la luz de las evidencias, el grupo de Twenge[44] se sumó a la propuesta de Boers y colaboradores[48] y apremió a reaccionar y a no descartar la existencia de este vínculo, especialmente dado el rápido aumento de las tasas de ansiedad, depresión, autolesión y suicidio que actualmente afectan a las niñas en Estados Unidos y otros países, para el que nadie ha encontrado una explicación alternativa plausible.[44]

La necesidad de actuar con premura ante esta evidencia, tal como reclaman estos investigadores, no ha hecho más que confirmarse. Así, el informe *Youth Risk Behavior Survey Data Summary*

& Trends Report, elaborado por los Centers for Disease Control and Prevention (CDC) y publicado en 2023,[10] muestra la evolución de este fenómeno desde 2011 hasta 2021. Allí se refleja un aumento de sentimientos persistentes de tristeza y desesperanza en mujeres adolescentes de 21 puntos porcentuales (del 36 al 57 %). Estos datos son realmente preocupantes. Según el informe, la mayoría de mujeres adolescentes de Estados Unidos presentaron sentimientos persistentes de tristeza y desesperanza en 2021, casi una de cada tres se plantearon seriamente atentar contra su vida, una de cada cuatro lo estaba planificando y una de cada diez lo había intentado.[10] Por su parte, Michel Desmurget se muestra más partidario de una estrategia orientada a la concienciación de los padres, no solo para alertarlos, sino para alentarlos a que sean ellos los que tomen las medidas de privación de acceso a las pantallas, ya desde las primeras etapas de la vida.[49]

Otros organismos internacionales, pese a reconocer los peligros, adoptan actitudes más pasivas. Ya hemos hecho referencia a UNICEF, pero hay más. La OCDE, en la misma dirección, alerta de que la falta de autocontrol, combinada con la curiosidad de los adolescentes usuarios de las Tecnología de la Información y de la Comunicación (TIC), puede conducir a un uso excesivo e incluso a problemas de adicción, lo que podría tener graves efectos adversos, tanto físicos como sociales, psicológicos y cognitivos. Pero, sorprendentemente, tampoco este organismo internacional toma una posición coherente al respecto, pues no va más allá de advertir sobre los peligros y plantear la contrapartida de supuestas oportunidades, que no define. Encontramos una posición similar, a la que también ya hemos hecho referencia, en la Declaración Europea sobre los Derechos y Principios Digitales para la Década Digital, que se alinea con la pretensión de hacer más seguro el uso de las tecnologías digitales en un futuro, reconociendo que en estos momentos no lo es, pero aceptando implícitamente una suerte de inevitabilidad de los tiempos, algo que se podría interpretar como una posición negligente.

Estudios cuestionables

Este ensayo no pretende ser una revisión sistemática de toda la literatura publicada, aunque sí de la más relevante. Se hace obligatorio aportar algún estudio que intente mostrar eventuales beneficios de las pantallas en los niños y los adolescentes. Hay algunos que han tenido cierta repercusión, pero más en prensa que en el ámbito académico. Un estudio que ha llegado a la población a través de la prensa escrita y digital es el trabajo de Yélamos-Guerra y colaboradores de la Universidad de Málaga. Los autores explican que el objetivo de la investigación es demostrar los beneficios educativos del uso del TikTok en niños y adolescentes.[50] Sin embargo, la muestra utilizada está compuesta por mayores de edad. En principio eso podría justificarse suponiendo que, si se encuentran beneficios importantes, estos podrían ser extrapolables a la población menor de edad. Pero las limitaciones de este estudio no radican solo en la cuestión de la edad, sino también en su diseño, pues tampoco parece estar orientado a valorar beneficios pedagógicos del uso de la plataforma TikTok, no se utilizan instrumentos de medición de adquisición de conocimientos, ni un grupo control de comparación. Simplemente se administra un cuestionario de satisfacción.

Las mismas limitaciones metodológicas presenta el estudio de Espuny y colaboradores, de 2011,[51] uno de los citados por el grupo de la Universidad de Málaga. Observamos que Espuny valora la aceptación, expectativas y actitudes respecto al uso de las redes sociales en el ámbito educativo, no los efectos sobre el rendimiento académico ni el aprendizaje producto de su implantación. Por cierto, los resultados son poco satisfactorios, como se refleja en las conclusiones del artículo: «[...] las expectativas que los propios estudiantes tienen acerca del rendimiento académico de las redes sociales son sorprendentemente bajas».

Otro estudio citado para resaltar las bondades de las redes sociales en la educación es el presentado por Yang en 2020.[52] El estudio se propone investigar la percepción de los estudiantes de secundaria sobre el uso de TikTok para el aprendizaje del inglés dentro y fuera del aula de EFL (*English as a Foreign Language*), y lo hace a través del cuestionario de autovaloración. El mismo Yang destaca las limitaciones del estudio en los siguientes aspectos: «[...] el tamaño de la muestra es insuficiente. [...] esta investigación carece de instrumentos para verificar los efectos del uso de TikTok en la mejora del aprendizaje de inglés de los estudiantes». Poco más se puede añadir.

La debilidad de la metodología y de los resultados de estos estudios está sobradamente compensada por los encendidos alegatos en favor de la implantación de la digitalización, que extraen conclusiones que no se desprenden de los datos. Por ejemplo, Yélamos-Guerra y colaboradores citan a Finn y Zimmer,[53] autores muy preocupados por los efectos de la desvinculación de aquellos alumnos que evitan participar en el aula y que no desarrollan un sentido de pertenencia a la comunidad educativa, y por cómo este proceso conduce a que los estudiantes abandonen la escuela. También citan a Macfarlane y Tomlinson,[54] autores que valoran como fundamental promover estrategias atractivas encaminadas a que los estudiantes se sientan más apegados no solo a los contenidos que aprenden, sino al propio proceso de aprendizaje, y que apuntan que tales estrategias deben ir más allá de potenciar la participación en el aula y la asistencia obligatoria, mejorando también la creatividad y el talento de los estudiantes cuando sea posible.

Efectivamente, esos son aspectos fundamentales en la pedagogía y la educación. Lo que es cuestionable, especialmente tras los resultados presentados por Yélamos-Guerra, es que las redes sociales como Facebook o TikTok sean una herramienta útil para conseguir esos nobles objetivos. Más bien, y a la luz de las evidencias sobre sus potenciales perjuicios, que veremos a lo largo de este ensayo, parece una temeridad alentar a incorporar estas supuestas innovaciones antes de contar con evidencia sólida de sus beneficios y que estos superan a los riesgos.

Yélamos-Guerra y colaboradores siguen marcando posición en su artículo de «investigación», que en ocasiones parece de propaganda, y hacen referencia a la brecha existente entre los *digital natives* y los *technophobes*. En este sentido, citan el siguiente pasaje de Ucar y Goksel:[55]

Esta brecha a menudo lleva a los instructores a enfocarse en el uso de formas de enseñanza más tradicionales, como lecciones basadas en libros de texto, que no dejan espacio para la creatividad y colocan a los estudiantes en una posición pasiva, donde no se espera una voz activa de ellos. Los docentes, sin embargo, deben superar esta objeción para involucrarse con plataformas educativas más allá de las tradicionales, e integrar las redes sociales en sus enseñanzas para cambiar el enfoque de perspectivas obsoletas a la educación actual.

El sorprendente alegato de Ucar y Goksel, efectivamente, no se puede desprender de los resultados del estudio, realizado con cinco preguntas de satisfacción con unas actividades complementarias en Facebook.

Espuny y colaboradores no se dejan desalentar ni desmotivar por la opinión de sus alumnos ni por la poca expectativa respeto al poder educativo de las redes sociales:

Con todo, las redes sociales han llegado a nuestra sociedad para quedarse y para cambiar nuestra forma de relacionarnos. Depende de nosotros, y de la actitud de nuestros estudiantes, que nuestra forma de trabajar, de investigar y de aprender quede o no al margen de esta revolución.[51]

Ciertamente, hasta hoy, podemos decir que, ya en 2011, tenían parte de razón, pues las redes sociales siguen aquí, de momento. Pero no deja de ser curioso que el mismo año de la publicación de este trabajo, Steve Jobs admitiera que protegía a sus propios hijos del acceso a pantallas. Ya en 2011 se estaba empezando a evidenciar un incremento de depresión y conducta suicida en menores, precisamente relacionado con ese mayor uso de las redes sociales.[44]

Algunos se han empeñado —aunque con poco esfuerzo, hay que decir— en que la sociedad asuma que si un niño no tiene acceso a redes sociales durante la infancia será un «analfabeto digital» y quedará excluido de la sociedad. Bajo esa premisa, carente de evidencias empíricas sólidas que la sustenten, se alienta a los cuidadores principales, padres y maestros a que, con la mejor intención, incorporen las pantallas en la enseñanza y la vida diaria, de manera que el mundo digital consiga un privilegiado acceso a nuestros menores. Se trata de una paradoja, pues *el acceso a las pantallas no solo no favorece la alfabetización digital, sino que parece asociarse más bien al incremento de analfabetos reales.* En el informe PISA 2015 se alertaba de que tanto el uso excesivo como el uso escaso de internet puede producir rendimientos académicos más bajos, un nivel de satisfacción inferior y tasas más altas de absentismo.[4]

El suicidio entre pandemias

Una de las expresiones más preocupantes del creciente malestar que se ha observado en nuestros jóvenes en los últimos años es la conducta suicida, que ha aumentado especialmente entre las mujeres.[10,24] Este incremento es preocupante porque es la única expresión del malestar que puede acabar con la muerte de la persona. Sabemos, además, que un aumento de las expresiones más leves, o menos peligrosas, de la conducta suicida se acaban traduciendo también en incrementos de las más graves. Hay amplia evidencia de que las tentativas autolíticas son el principal factor predictor de nuevas tentativas de suicidio[56] y de la muerte por suicidio.[57] Los datos publicados por el Instituto Nacional de Estadística (INE) a finales de 2022, referentes a la muerte por suicidio de 2021, son congruentes con lo que observamos en la práctica clínica. A saber, un crecimiento del malestar a edades más tempranas, y una mayor afectación en las mujeres. Precisamente, los incrementos de mortalidad por suicidio en 2021 siguieron exactamente ese patrón. Observamos un aumento de la muerte por suicidio en menores de 15 años, tendencia que veníamos detectando desde 2019, pero con un marcado incremento del 56% en 2021 respecto a 2020, llegando a los 22 fallecidos. En la siguiente franja de edad, entre 15 y 19 años, el suicidio entre los hombres no solo no creció, sino que se mantuvo la misma tendencia a la baja observada desde 2018. Por el contrario, entre las mujeres se siguió registrando un leve incremento de la mortalidad respecto a años previos. Tanto es así que en 2021 se observó la menor diferencia histórica entre hombres y mujeres fallecidos por suicidio. La paradoja del género describe la situación de que hay más intentos de suicidio en mujeres y más fallecidos por suicidio en hombres. Las líneas históricas mostradas por el INE reflejan que esa diferencia entre las muertes por suicidio en hombres y en mujeres empieza a ser muy evidente desde los 15 años. Pero en los datos de 2021 se aprecia que la diferencia prácticamente ha desaparecido.

Estos datos son especialmente hirientes, porque, aunque en la prevención del suicidio queda mucho por hacer, no se puede negar que nunca antes se habían llevado a cabo tantos avances en la prevención como en los últimos diez años. El interés por la problemática se ha hecho evidente en todos los ámbitos, tanto en el de la salud y la educación como en los medios de comunicación. Hay más cursos de prevención de suicidio que nunca antes y las publicaciones científicas se han multiplicado. En Cataluña, la primera asociación de familiares de supervivientes cumplió en 2022 diez años de existencia, y hoy en día hay cinco asociaciones semejantes. En Cataluña la puesta en marcha de un programa de la Administración para monitorizar la evolución de las tentativas e ideaciones suicidas y para una vinculación urgente con los servicios de atención comunitaria, el *Codi de risc suïcidi* (CRS) lleva ya ocho años. No existe un plan nacional de prevención de suicidio, pero todas las comunidades autónomas han desplegado una red de planes que han cubierto todo el territorio nacional. Los departamentos de educación están trabajando de la mano con los de salud en esta lucha compartida, muchos colegios tienen protocolos de atención a la conducta suicida y el interés por la problemática sigue muy presente.

¿Cómo es posible que estas iniciativas no hayan tenido un efecto que se vea reflejado en los datos? No solo no se advierte una reducción de los datos de mortalidad, sino que se observa un importante incremento de los datos en toda la conducta suicida sin resultado mortal: la ideación, la planificación, los gestos y las tentativas. ¿Qué está fagocitando tantos esfuerzos compartidos? Pues bien, se han observado las consecuencias negativas de las pantallas en los menores. Ha quedado clara la relación entre las pantallas y la conducta suicida ya desde la infancia, evidenciada en niños de 9 y 10 años de edad.[58] Se trata de una relación que, aunque de bajo poder predictivo, nos permite identificar el uso de pantallas como un factor de riesgo.

Hasta ahora hemos hablado de la relación directa, de afectación, entre uno y otro fenómeno, de modo que vamos a dedicar lo que queda del capítulo a analizar la acción indirecta, esto es, de interferencia: cómo se relacionan las pantallas con todos los factores protectores o con las intervenciones preventivas diseñadas para prevenir el suicidio.

Intentaremos entender de este modo qué está fallando en las medidas implantadas hasta el momento. Para esto definimos los dos elementos que se han de discutir: (1) Entendemos por objetivos de una *intervención preventiva* los focos a los que se han dirigido las intervenciones de prevención que han tenido mayor éxito en la reducción de la conducta suicida y de la muerte por suicidio. (2) Entendemos por *factor protector* cualquier característica, condición y comportamiento que pueda tener alguno de los siguientes efectos: (a) un impacto positivo sobre la salud en términos de mejora, y (b) un mitigador de los efectos que producen los eventos vitales estresantes, que incluso pueda neutralizar las consecuencias de la presencia de otros factores de riesgo.

Intervenciones preventivas

La Organización Mundial de la Salud (OMS) señala los objetivos fundamentales de las intervenciones basadas en la evidencia. Los objetivos para la prevención del suicidio en la adolescencia son cuatro: (1) restringir el acceso a métodos letales; (2) interactuar con la prensa para hacer una comunicación responsable; (3) incrementar las habilidades de los niños y adolescentes; (4) identificar precozmente y ofrecer ayuda a todos los afectados.[57]

Veamos el impacto de la digitalización en la consecución de dichos objetivos:

1) *Restringir el acceso a métodos.* Consiste en medidas simples que han tenido mucho impacto en la prevención del suicidio, tales como hacer las medicaciones más seguras, eliminar barbitúricos del mercado, modificar la toxicidad de los fertilizantes, cambiar la composición del gas doméstico, restringir el acceso a armas letales en países donde es legal su tenencia, poner una barrera de seguridad en puentes considerados como puntos negros de suicidio. Todas estas son intervenciones que han conseguido reducciones significativas de la mortalidad por suicidio. En las teorías actuales del suicidio, el acceso a métodos se considera como una variable práctica del concepto de «Capacidad de suicidio».[59] El acceso a métodos consta de dos elementos, a saber: el acceso al método como tal, y el acceso al conocimiento, es decir, saber, conocer y estar familiarizado con la letalidad de un determinado método. Pues bien, en la práctica clínica, la evolución de los intentos de suicidio los últimos años ha estado marcada por una mayor letalidad de los intentos de suicidio. Los adolescentes tienen acceso a este tipo de información, desde hace unos años, a través de la red en las páginas prosuicidio, y actualmente también al acceder a ciertos perfiles de TikTok y de Instagram. De modo que todos pueden saber cuáles son las medicaciones con mayor letalidad y las dosis necesarias. Desde la eclosión de la digitalización, los intentos con valerianas

que atendíamos en el Hospital Sant Joan de Déu de Barcelona hace 11 años son cosa del pasado.

2) *Interactuar con la prensa para hacer una comunicación responsable.* Este objetivo se fundamenta en el efecto contagio de la conducta suicida, popularmente conocido como efecto *Werther* o efecto *Copycat*. Se sabe que informar en medios de comunicación sobre el suicidio aumenta la posibilidad de suicidio en la población, cuanto más amplia es la cobertura, mayor es el incremento de la tasa de suicidio.[60] Este efecto se regula, e incluso se revierte, cuando la información es adecuada, cuando no se romantiza el suicidio ni se informa acerca de métodos, y especialmente cuando se ofrece información de los recursos que se han creado para su prevención. El efecto no solo se ha observado en la información en prensa, sino también en la literatura o en las series. La última evidencia del efecto imitativo de la conducta suicida nos la ofreció la serie de Netflix, *13 Reasons Why*, cuya emisión se relacionó con un incremento de hasta un 34% de la conducta suicida en adolescentes, especialmente en mujeres.[26] Actualmente, en vista de estos efectos, tanto la prensa como el mundo del arte y la cultura se han dotado de unos protocolos de buenas prácticas, con indicaciones precisas para evitar o minimizar estos riesgos.

Pues bien, la prensa hoy en día solo puede aspirar a mantener cierto orden en la información, cierto cuidado, y sin duda vale la pena que hagan todos los esfuerzos que estén en sus manos. Pero el mayor impacto del efecto de imitación, especialmente para menores, ya no viene de la prensa, a la que poca atención le prestan. En cuanto a las series, como la que acabamos de mencionar, afortunadamente no hay tantas que hagan apología del suicidio, especialmente en comparación con los miles de perfiles de Instagram y TikTok que sí la hacen, romantizan el suicidio e incluso, en casos extremos, transmiten en directo muertes por suicidio. No hace falta dar ideas aquí. Sabemos que hay *influencers* que han acabado suicidándose en directo, algunos incluso después de someter a votación de sus seguidores la última decisión.

La propagación del efecto contagio de la conducta suicida es incontrolable en el mundo digital. Como en la vida real, se acaban mezclando concepciones equivocadas de lealtad, la sensación de ser parte de una comunidad se apoya en una cuestión identitaria y los chicos se ven atrapados en estos perfiles, incluso creando ellos sus propios perfiles y compartiendo contenidos con la mejor intención. Las comunidades a las que han acudido en un primer momento buscando comprensión, apoyo o ayuda terminan atrapándolos en una lealtad mal entendida y, por una suerte de principio de coherencia, les resulta muy difícil echarse atrás. Así, después de haber hecho públicos innumerables mensajes en favor del suicidio y de haber compartido sus autolesiones entre los miembros de la comunidad, ante las primeras peticiones de «ayuda» esas comunidades reaccionan con impaciencia y prácticamente exigen que el joven mantenga la coherencia. Insultos y acusaciones del tipo «solo quieres llamar la atención» y otros por el estilo pueden avocarlos a la conducta suicida y a la muerte por suicidio. Hemos visto muchos ejemplos de esto en la práctica clínica diaria.

Interactuar con la prensa para hacer una comunicación responsable es imprescindible, pero hacerlo mientras permitimos que los menores de edad accedan a internet es poco menos que una burla.

3) *Incrementar las habilidades de los niños y adolescentes.* En buena medida, la mejor forma de combatir el suicidio es crear una vida que valga la pena ser vivida, y para eso son imprescindibles las habilidades para crearla. Basta apuntar aquí que las pantallas están desarmando a nuestros niños y adolescentes al evitar que recurran a estrategias de afrontamiento. En los capítulos que siguen profundizaremos en la interferencia que generan las pantallas en la adquisición de esas habilidades.

Uno de los factores de protección contra la conducta suicida en la infancia y la adolescencia son los logros en el colegio conseguidos a base de trabajo y dedicación.[61] Las pantallas dificultan la consecución de esos logros al privar a los niños y adolescentes de algo tan elemental como las necesarias horas de sueño y de descanso, vitales para afianzar los conocimientos conseguidos y para preparar al cerebro para la adquisición de otros nuevos cada día. Un elemento esencial del aprendizaje es la capacidad atencional, y en este sentido se han encontrado efectos adversos del uso de pantallas incluso con exposiciones breves. En un estudio reciente se observaron alteraciones atencionales identificables en adolescentes sanos a partir de los 20 minutos diarios de exposición a la pantalla del móvil, a diferencia de sus iguales con menor exposición.[62] Dos estrategias de afrontamiento se perfilan como factores protectores: el juego físico y la búsqueda de diversión relajante, actividades diametralmente opuestas a la proporcionada por el uso de una pantalla. El personaje virtual puede estar corriendo en un campo de fútbol o saltando y tirándose cuerpo a tierra, mientras el niño o el adolescente que lo dirige mediante un dispositivo electrónico permanece sentado y absorto, moviendo únicamente sus dos pulgares. Esa diversión no tiene nada de relajante, tampoco la continua comparación entre los cuerpos y modos de vida propagados por las redes sociales y la vida y el cuerpo propios. Se ha identificado un rasgo temperamental como factor protector del suicidio: la *cooperativeness*, entendida como la capacidad de llevarse bien con otras personas de una manera justa y flexible.[61] Este interesante y útil hallazgo señala la importancia de las habilidades comunicativas, el respeto y la tolerancia al otro, aptitudes opuestas a las que inducen las pantallas, que llevan a un repliegue sobre sí mismo y la ausencia de la otredad. Tal como señala Byung-Chul Han:

La comunicación a través del *smartphone* es una comunicación descorporeizada y sin visión del otro. La comunidad tiene una dimensión física. Ya por su falta de corporeidad, la comunicación digital debilita la comunidad. La vista solidifica la comunidad. La digitalización hace desaparecer al otro como mirada. La ausencia de mirada también es responsable de la pérdida de empatía en la era digital. (Byung-Chul Han, 2021, pp. 35-36)

4) *Identificar precozmente y ofrecer ayuda a todos los afectados.* Este es uno de los componentes de los programas multimodales de intervención en colegios. Las críticas a esta intervención consisten en indicar que son intervenciones transversales que generalmente constan de cuestionarios de *screening*, los cuales, si bien procuran detectar a los adolescentes que están en riesgo en un momento puntual, excluyen a los que empezarán a manifestar malestar poco después de la evaluación. Pero la realidad es que hay más formas de favorecer la detección que van más allá de la administración de *screenings*. Así, ante determinadas problemáticas la mejor evaluación consiste en una intervención. Los beneficios de mejorar la identificación precoz son evidentes, pero no tienen por qué proceder únicamente de fuera. Uno de los grandes objetivos de la prevención del suicidio es el cambio en la conducta de petición de ayuda. Se busca que la persona pueda identificar los momentos de malestar propios, pero también que sea capaz de identificarlos entre sus pares. Es una intervención que comparte aspectos del objetivo anterior, en la medida en que aspira al incremento de habilidades de afrontamiento. Esta estrategia está en la base de la intervención universal para escuelas con mayor evidencia, el YAM (*Youth Aware of Mental Health*).[63] En este programa se instruye a los adolescentes a identificar conflictos y situaciones problemáticas propias de su edad, tanto aquellos en los que se puedan ver implicados ellos mismos como en los que podrían afectar a sus compañeros de clase. Se les muestran las soluciones o los recursos en su entorno que pueden ayudar a poner en marcha soluciones a problemas concretos. El objetivo es doble, a saber: (1) identificar las dificultades, y

(2) orientar correctamente a la petición de ayuda. Justamente lo contrario de lo que ofrecen las pantallas a un adolescente que está enfrentando dificultades. Así, el primer lugar donde hoy en día toda la población busca información es internet, en muchos casos antes incluso de ir al médico o aun después de haber ido, para poner en duda o verificar las indicaciones del profesional. Pero en el caso de los adolescentes, ese no sería exactamente el problema, sino más bien, la siniestra labor de los algoritmos, que suponen el siguiente razonamiento: «Las personas que expresan que están tristes y que no le encuentran sentido a la vida consultan también: perfiles, contenidos y comunidades prosuicidio». Esto no solo complica la situación, ya que lleva a la identificación con iguales que realizan intentos de suicidio y/o autolesiones, sino que también contribuye a que se retrase la petición de ayuda en entornos que realmente están capacitados para ofrecer una ayuda verdadera y eficaz. La trampa consiste en que el niño o adolescente recurra a una comunidad prosuicidio donde sienta «aquí sí que me entienden». Buscar ayuda en el lugar equivocado tal vez puede proporcionar una suerte de válvula de escape temporal, pero solo consigue dilatar el tiempo entre el malestar del menor y la petición de ayuda adecuada, de modo que esta llega, si acaso, cuando la situación ha desbordado con mucho los límites de aguante de la persona. En el peor de los casos, la ayuda real no llega sino tras un intento de suicidio, reactivo al hecho de que dos amigos más de la comunidad prosuicidio hayan realizado sendas tentativas o simplemente hayan desaparecido del grupo, incrementando las fantasías angustiantes y el dolor ante la sospecha o duda de que hayan muerto.

Mucho se ha hablado de la falta de rigurosidad de los contenidos más utilizados por los adolescentes para informarse. PlushCare[64] presentó un informe en el que se analizaron quinientos videos de TikTok, específicamente orientados a ofrecer información acerca de la salud mental. Se pretendía valorar la calidad de la información de la plataforma. Se encontró que el 83,7 % de los consejos sobre salud mental en TikTok son engañosos, mientras que el 14,2 % de los videos incluyen contenido que incluso podría ser potencialmente dañino. Así, la digitalización no ofrece una clara oportunidad de acceso a la ayuda, tampoco entre iguales, y ni tan siquiera sirve como orientación adecuada para que la persona pueda entender lo que le pasa o para pedir ayuda, eso cuando el contenido no es directamente perjudicial.

Factores protectores

Ampliemos ahora la reflexión con dos conceptos identificados como factores protectores de la conducta suicida en la infancia y la adolescencia: la *vinculación escolar positiva* y la *supervisión parental*.[58,10] Son dos conceptos sencillos y comprensibles, y ambos se relacionan con la capacidad de vinculación del niño o el adolescente a la vida.

La *teoría de los tres pasos*, un modelo explicativo del proceso de suicidio, identifica todos los factores asociados al sentimiento de estar vinculado a la vida. Se trata de elementos que determinan la decisión de suicidio y resultan fundamentales para interrumpir la decisión fatal. Así, el modelo plantea la siguiente pregunta: «¿Es mi dolor y mi desesperanza superior a mi vinculación a la vida?». Si la respuesta a esta pregunta es que la vinculación supera el dolor, la persona tolerará y soportará ese dolor acompañada del sentido que esa vinculación a la vida otorga a las personas.[59]

Podemos identificar dos escenarios de desarrollo fundamentales donde los niños y los adolescentes pasan la mayor parte del tiempo: el hogar y el colegio. Es en estos dos escenarios donde se consigue la vinculación a la vida. Veamos las características de cada uno de ellos:

1) *La vinculación escolar positiva.* Se trata de un elemento identificado como factor protector con beneficios que se observan incluso en la edad adulta.[65,66] Se define como el sentimiento de los adolescentes de que las personas de la escuela se preocupan

74

3. Alianza de pandemias

por ellos, por su bienestar y por su éxito. Aunque sencilla, esta definición ciertamente tiene muchas aristas, porque al hacer referencia a las personas de la escuela incluye también a los compañeros, y asimismo alude implícitamente a los rendimientos académicos, al esfuerzo y a la recompensa por este esfuerzo, a la sensación de éxito en los aprendizajes. Además, el hecho de que haya muchos y diversos involucrados puede valorarse como una oportunidad. Así, un adolescente que se sienta vinculado a su grupo de tres amigos tendría suficiente apoyo, independientemente de lo que pase con los compañeros restantes. Lo mismo sucede en cuanto a los profesores. Estos pueden tener tutorías asignadas por criterios internos, pero muchos alumnos crean vinculaciones con referentes naturales, que podrían no coincidir con el profesor que tienen asignado. En referencia al rendimiento, cada vez se diseñan más alternativas formativas y se aplican planes más individualizados, aunque es cierto que queda mucho por hacer, o más bien por deshacer, pues está demostrado que *las pantallas y la digitalización no mejoran el rendimiento académico, sino todo lo contrario.* Cuando se pretende poner al servicio de la motivación para el estudio la capacidad de las pantallas de captar la atención a fin de hacer los aprendizajes más atractivos se corre el riesgo de que los dispositivos, precisamente por su carácter cautivador, acaben potenciando uno de los mayores enemigos del aprendizaje, que es la distracción,[3] y se conviertan en un competidor imbatible que lucha por monopolizar otro elemento esencial para el aprendizaje: el tiempo. De acuerdo con Manfred Spitzer, el mundo digital mejora el trabajo, pero interfiere en el aprendizaje; primero se aprende y luego se entra en el mundo digital.

El factor protector de la *vinculación escolar positiva* es tan importante que abarca diferentes ámbitos de riesgo. Así, cuando está presente, los adolescentes que se sienten vinculados tienen menos probabilidades de experimentar riesgos relacionados con el consumo de sustancias, el deterioro de la salud mental, la violencia y el comportamiento sexual inadecuado.

2) *La supervisión parental.* Este concepto es muy valioso porque pone en jaque algunas de las ideas que tanto éxito tienen entre la población general, como aquella según la cual uno puede ser «amigo de su propio hijo». La *supervisión parental* postula que lo que más protege a un niño o a un adolescente no es la sensación de contar con la amistad de sus padres, algo tan significativo para el colegio o el entorno, sino tener unos padres que los monitoricen. Los padres han de mostrar una actitud proactiva de supervisión y de ese modo transmitirán a sus hijos la sensación de que están acompañados, lo que permitirá a estos manejar mejor las inseguridades, pues sabrán que en todo momento hay alguien pendiente de ellos. Esto permite mantener la tensión entre la necesidad de autonomía del adolescente y un cariñoso reconocimiento de que todavía no se espera de él que cargue con todo. El menor se encuentra así en condiciones de entender que comprendemos que se puede equivocar, como, sin duda, así será. Asimismo, nos libera a los adultos de una carga que posiblemente a muchos les resulta familiar, la acusación con la que los adolescentes suelen defender su anhelo de libertad y autonomía y que vendría a expresarse en los siguientes términos: «Es que no confías en mí, si mis propios padres no confían en mí... ¿Cómo creéis que me siento?». Pues bien, el concepto de *supervisión parental* simplemente responde a eso. Se caracteriza por la idea de que los padres u otros referentes de la familia han de *conocer con quién y dónde está su hijo la mayor parte del tiempo.* Tan sencillo como eso. Lo único que mide este concepto es la frecuencia con la que los adultos saben dónde y con quién está el menor. Desde luego, aunque conceptualmente sencillo, su ejecución puede resultar ciertamente ardua y difícil. No obstante, se lo reconoce como un importante factor de protección, asociado a una reducción de los riesgos de conducta suicida, de experiencias de violencia, de uso de sustancias tóxicas y de problemas con la sexualidad.[67-69]

3. Alianza de pandemias

A lo largo del ensayo veremos con más detalle cómo interfieren las pantallas en la vinculación con la escuela de los menores y en la supervisión de los padres. De momento propondremos la siguiente reflexión al respecto. Una profesora comentaba que la mayor parte de los conflictos que se encuentran en la escuela no se origina en esta. Son problemas que se crean en forma de insultos o comentarios despectivos hacia algún compañero a través de las redes sociales y en forma anónima y que se profundizan en escaladas en las que ningún adulto puede mediar. Aunque se suele afirmar que el mundo digital es «virtual», en verdad no tiene nada de virtual cuando hablamos de sus consecuencias. Todas se materializan en la realidad. Así, esta profesora incluso dudaba de que la solución a estos conflictos fuera competencia de las escuelas, probablemente desesperada por el deseo de que alguien más se implicase a la hora de buscar una salida. Independientemente de dónde se produzca o escale el conflicto, este suele acabar explotando en el ámbito escolar. En esto los profesionales de la educación se están pareciendo cada vez más a los de la salud: llegamos tarde, nos relegan a una posición únicamente reactiva y solo podemos apagar fuegos. Pero no, no nos podemos resignar.

En relación con la supervisión parental, damos un mensaje claro y sencillo. Cuando un hijo está en la habitación conectado a internet, o incluso si está sentado al lado de sus padres en el salón de casa, hay dos cosas que estos no saben: ni dónde ni con quién está su hijo.

Desde una perspectiva de prevención del suicidio, la influencia de las pantallas en la adolescencia es una lacra, para la sociedad en general y especialmente para los afectados por el suicidio, pero también para los profesionales, para los activistas, para todo aquel que se pueda sentir interpelado por la lucha compartida de la prevención del suicidio en la infancia y la adolescencia. La influencia de las pantallas tritura todos nuestros esfuerzos, desarma las intervenciones, incrementa la problemática atacando la línea de flotación de la vida y afectando cada uno de los elementos que permiten hacer de la vida un lugar habitable.

4

LAS *BIG TECH* Y EL TIEMPO. INTERFERENCIAS

Las pantallas y el mundo digital, especialmente el que consumen los menores, no se han diseñado con el objetivo de potenciar el sano desarrollo, ni como herramientas pedagógicas. En buena parte, se han diseñado para mantener un canal directo de acceso a las personas, tanto niños como adultos, un canal que se mantiene abierto por medio de una continua distracción, mediante un refuerzo de los circuitos de recompensa, que se cobran con una incesante fuente de información. Esta nutre el *big data* y con ella comercian las *Big Tech*. Tal como reza la conocida sentencia: «En una sociedad de libre mercado, nada es gratis, si un producto es gratis, el producto eres tú».

> **Del mismo modo que la civilización industrial floreció a expensas de la naturaleza, y amenaza ahora con costarnos a todos la tierra misma, una civilización informacional modelada por el capitalismo de la vigilancia y su nuevo poder instrumentario prosperará a costa de la naturaleza humana y amenaza con costarnos nuestra humanidad misma. (S. Zuboff, 2020, p. 26)**

Las *Big Tech* no han ahorrado esfuerzos para seguir extrayendo recursos: el diseño atractivo, la inmediatez y la facilidad de acceso son solo algunos elementos que se combinan con los premios, a modo de incentivos, por continuar en las diferentes plataformas o aplicaciones. Más elaborados son los algoritmos, diseñados para mantenernos pegados a la pantalla con un torrente infinito e inagotable de contenidos que «nos interesan», o que acabarán haciéndolo porque «a las personas a quienes les interesa esto, también les gusta esto otro». Así, uno puede conocer a su hijo a base de interactuar con él, viéndolo relacionarse y sabiendo dónde y con quién está, y de ese modo no solo lo conoce, sino que lo influencia, le transmite los valores compartidos por la familia, por la comunidad. Pero ya no conocemos a nuestro hijo adolescente, ignoramos sus gustos e intereses, quizás ni él mismo los tiene muy definidos. Sin embargo, hay «alguien» que sí lo conoce perfectamente: el algoritmo de *TikTok*. No solo conoce a nuestro hijo, sino que lo sugestiona, lo influencia, modifica sus hábitos y su conducta y le impide evolucionar, nutriéndolo de forma inagotable con «lo que le interesa» y cerrando así otras alternativas, como por ejemplo «lo que le conviene saber o aprender». Los jóvenes tienen valores éticos y morales, por supuesto, todos los tenemos, sin ellos no se puede vivir. Pero no nos podemos quejar de los valores que tienen, al fin y al cabo hemos dejado a nuestros hijos en muy mala compañía, no hemos sabido dónde ni con quién pasan su tiempo.

La industria de las *Big Tech* es una devoradora insaciable de tiempo, de horas de vida. Dice Byung-Chul Han:

> Justamente la progresiva digitalización de la sociedad facilita, amplía y acelera de forma considerable la explotación comercial de la vida humana. Somete a una explotación económica ámbitos vitales a los que hasta ahora el comercio no tenía acceso. (Han, 2022b, p. 39)

Demasiados ingenieros, diseñadores, psicólogos expertos en el comportamiento humano, toda una industria o muchas industrias... Los recursos cognitivos y emocionales de un niño no son suficientes para combatir contra todo eso. Las *Big Tech* no son unas malvadas que quieren robarnos las relaciones con nuestros hijos, y las relaciones de estos con sus amigos. Las *Big Tech* no tienen la culpa de que esas relaciones se alimenten del mismo material con el que ellas comercian, el tiempo. Si lo que quiere el ser humano es relacionarse y aprender, que lo haga pegado a una pantalla, así todos contentos, para paliar los problemas de visión y el sedentarismo ya estaremos los médicos; de las inseguridades, los miedos y los problemas emocionales ya se ocuparán los psicólogos, y a ser posible, tanto los unos como los otros por teleasistencia.

Los niños y adolescentes deben adquirir y desarrollar herramientas que los protejan de los peligros que la hiperconexión está suponiendo y supondrá para ellos en el futuro. Contrariamente a lo que se cree, o a lo que se promulga, eso no pasa por una entrada precoz en ese mundo, bien al contrario, para una conexión «saludable» se debe aprender a gestionar las emociones, a crear vínculos afectivos verdaderos con los amigos, con la familia, con los compañeros, se debe crear espacios reales de bienestar, y todas estas herramientas se afilan y se mejoran en el mundo real. Es esta adquisición de habilidades lo que permitirá al adulto joven lidiar de la mejor forma posible con las interferencias que el mundo digital le presentará en su día a día en el futuro. A continuación, desarrollaremos más detalladamente estos aspectos.

Interferencias en el desarrollo

Desde poco después de la concepción, los fetos y los bebés son sensibles y están programados para beneficiarse de unos determinados estímulos que ayudan a impulsar el desarrollo de habilidades, a llenar la «caja de herramientas» y a hacer que estas sean más robustas y precisas. Son especialmente sensibles en la detección del idioma materno, así como al tono de voz de la madre. La madurez visual permite a la criatura ver unas manitas moverse delante de sus ojos y estimula la motricidad. Al principio la visión aparece de forma no integrada, pues el bebé no tiene conciencia de que esas manitas son suyas, ni siquiera de ser algo diferenciado del otro. En esas primeras fases, todos los estímulos de los que se beneficia son propios de la estimulación sensoriomotora, la estimulación del desarrollo cerebral va de la mano de la sensación y el movimiento. Se trata de un proceso integral tan básico y primario como esencial, que genera aprendizaje en todas las etapas del desarrollo. El movimiento y los estímulos se influyen y afectan recíprocamente. Así ocurre, por ejemplo, con las neuronas espejo: ver a una persona hacer un movimiento activa las mismas áreas cerebrales motoras del observador de dicho movimiento, sin necesidad de ejecutarlo. Esto puede apreciarse en la típica y tierna escena en la que unos padres dan la papilla a su bebé. Uno se pregunta qué impulsa a los padres a abrir su propia boca cada vez que aproximan la cuchara a la boca de la criatura.

En todos estos procesos, el único efecto que pueden ejercer las pantallas es el de una interferencia. *No hay ni un solo beneficio en la exposición a las pantallas a edades tan tempranas*, independientemente de lo que la intuición o el sentido común de un padre podrían hacerle pensar, influenciado tal vez inconscientemente por ciertas manipulaciones propagandísticas. No, un bebé en el carrito delante de un televisor en el que Baby TV repite una y otra vez los números en inglés no se está beneficiando en absoluto. Al contrario, está siendo perjudicado y se le está privando de lo que verdaderamente puede enriquecer las pocas horas que está despierto: el contacto con los padres, las miradas, escuchar la voz y percibir sus diversas tonalidades o simplemente sentirse cobijado entre los brazos, escuchar los latidos del corazón y reconocer el olor de sus padres.

La interferencia de las pantallas en el desarrollo de los bebés en los primeros meses de vida no se relaciona solo con la exposición directa. Si le están dando el biberón a un bebé o si lo están amamantando y las noticias emitidas en la televisión son tan interesantes que captan la mirada y la atención de los padres, estos deben ser conscientes de que a causa de ello están apartando la mirada del pequeño. Cuando un padre o una madre, aprovechando que sostienen al bebé con una mano, se dedican con la otra a responder un correo electrónico o un mensaje de texto en el móvil, con ello están privando a la criatura de estímulos tan ricos y valiosos como la mirada, las palabras y los gestos de la figura de apego, pero además le están generando distrés. En este sentido contamos con estudios experimentales cuyas conclusiones resultan muy interesantes. Se ha estudiado la reacción fisiológica y la reactividad comportamental de los bebés de 11 meses ante las interrupciones de la madre durante el tiempo de juego libre compartido. En el estudio se plantean tres condiciones experimentales, todas ellas de juego libre con el bebé: una sin ninguna interrupción, otra con la interrupción por parte de una persona física y la tercera con interrupciones por mensajes de texto en el móvil. En las dos condiciones de interrupción, los mensajes son exactamente los mismos, unos comunicados por una persona física y los otros a través del móvil. Ante las dos condiciones de interrupción del juego, los bebés mostraban una reacción fisiológica y conductual mayor que cuando no había ninguna interrupción, pero entre las dos formas de interrupción, la que mayor reactividad fisiológica y conductual generaba era la ejercida por medio del teléfono móvil. Estas microinterrupciones generan un contexto estresante para la criatura.[70] Creemos que es particularmente relevante que estos estudios sean conocidos por todos los padres, porque analizan situaciones que se han convertido en cotidianas y generalizadas. La tranquilidad de los padres que protagonizan esas escenas sin duda es un indicador de que, sencillamente, no conocen estos estudios. El hecho de que estos no sean ampliamente conocidos hace pensar que en realidad no hay interés en su difusión.

La interacción con los padres es el mejor nutriente para el desarrollo cognitivo en los primeros meses del desarrollo. Con solo cinco meses de vida el bebé ya empieza a desarrollar la atención conjunta *(joint attention)*, que consiste en la coordinación de la atención y su focalización conjunta en un punto de referencia compartido. Es la habilidad del bebé de detectar y seguir la atención de los otros, por ejemplo ante la llegada de una persona o la ocurrencia de un hecho significativo. Esta habilidad de percibir en qué centra el otro su atención es lo que, en el estudio antes mencionado, permite a los bebés ser conscientes de que el foco de atención ha dejado de ser compartido o que la atención ya no está centrada en ellos. Este proceso de atención conjunta, iniciada tanto por los padres como por los bebés, y cuya ausencia es muy característica de los bebés con diagnósticos de trastornos del espectro autista, se entiende que provee al cerebro de una serie de estímulos y experiencias relacionados con el desarrollo de habilidades sociocognitivas de orden superior, impulsando el neurodesarrollo del sistema neuronal responsable de la cognición social.[71] Si no tenemos en cuenta el estudio experimental de las condiciones de distracción[70] podríamos creer que todas las interacciones sociales, independientemente de su origen, actúan como nutrientes para el desarrollo del bebé. Sin embargo, gracias a este estudio sabemos que, aunque las interrupciones ocasionadas por el móvil no impiden que los padres den el biberón o amamanten al niño, sí que frustran la posibilidad de que lo hagan cantándoles, hablándoles o mirándolos, con lo cual no solo lo estarían alimentando físicamente, sino que nutrirían y fomentarían su neurodesarrollo. Lo mismo podemos decir de las situaciones de juego libre compartido. A la luz del estudio en cuestión podemos ver que esas interrupciones generan distrés y afectan el bienestar del bebé. Lo mismo pasa con los niños mayores y adolescentes, no entablar casi contacto ni comunicación con ellos por estar mirando una pantalla o contestando un correo electrónico, les genera la sensación de desatención, desinterés y puede crear en ellos un malestar difícil de gestionar.

Estos hallazgos son coincidentes con los de otros trabajos en los que la edad de los sujetos de estudio es más amplia. Así, se observa que el desarrollo socioemocional de los niños de entre 7 y 23 meses se ve afectado por la interferencia que provocan las interrupciones propias de estar atento al móvil por parte de los padres.[72]

Hemos visto que la interferencia de las pantallas no solo se ejerce cuando afecta de manera directa al bebé, sino también cuando supone una distracción para los padres o cuidadores. Veamos ahora qué sucede cuando las pantallas interfieren directamente en el bebé. Cuando un niño intenta construir una torre de cuatro cubos ejercita la sincronización de innumerables fuentes de información, tanto visuales como motrices y táctiles, a través de la textura y la presión del agarre, la orientación de la mano, la percepción del espacio tridimensional, etc. Cuando damos a un niño una *tablet* para que arrastre unos cubos en 2D con un dedo, la integración de las diferentes fuentes de información del mundo tridimensional queda restringida y se ve afectada. La madurez de la visión en 3D no se acaba de conseguir sino hasta los 12 años. Aquello que beneficia los procesos de desarrollo de la primera infancia sigue siendo enriquecedor durante toda la infancia y la adolescencia.

Cuando un bebé o un niño hace un trazo con un lápiz en un papel —o en la pared— está integrando diferentes estímulos. Aprende así a medir la fuerza de agarre y la presión que tiene que ejercer, y a la vez comprueba los resultados de sus acciones en el mundo, casi podría decirse que está aprendiendo física básica experimental. Cuando hace un trazo en una *tablet*, lo mismo da que la haga con un lápiz óptico o con el dedo, la presión no es un factor relevante y no queda constancia de su acción, pues con un clic desaparece su obra.

Uno de los aprendizajes o habilidades más importantes durante esta etapa de la vida, y durante todas las siguientes, consiste en ser capaces de mantener una posición activa ante la vida. El bebé se fatiga y se agota de ver siempre lo mismo, por lo que toma medidas para evitarlo. Su curiosidad se despierta y siente la necesidad de explorar, pues es gracias al movimiento que accede a nuevas fuentes de estimulación. El bebé, impulsado por ellas, y siempre ante la seguridad que ofrece la presencia de sus padres, toma una actitud proactiva ante el mundo. Explora, se mueve e interactúa con los objetos a su alcance, y así el mundo va premiando esa actitud de explorador al ofrecerle nuevos estímulos que no alcanzaba a ver o tocar desde donde se encontraba. Con el tiempo, la exploración misma evoluciona y el bebé descubre una nueva perspectiva del mundo cuando pasa de desplazarse a gatas a andar de pie. Esa curiosidad, que requiere sensaciones nuevas y la búsqueda de estímulos, impulsa el movimiento. Entonces empieza la actividad deportiva del niño, la vida activa, y se pone fin a una etapa inicial más pasiva o sedentaria.

Las pantallas interfieren en este proceso natural e impactan negativamente en el desarrollo de la proactividad del bebé y del niño. La curiosidad del bebé se restringe de forma antinatural, los procesos básicos del desarrollo se ven alterados y frenados, la motricidad pierde parte de su función y, dado que ya no parece necesaria, se ve atrofiada, arrastrando en el proceso toda la integración global de la información y las primeras bases del deporte. *La posición del bebé, del niño e incluso del adolescente ante las pantallas establece las bases del sedentarismo.* El bebé se transforma en un ser pasivo y su participación en actividades enriquecedoras como las mencionadas más arriba se ve profundamente coartada. Para suministrarse a sí mismo estímulos placenteros, el bebé no tiene que hacer más esfuerzos que los de las ratas de la caja de Skinner en el experimento de Olds y Milner (1954):[73] un simple movimiento del dedo basta para suministrar un sinfín de estímulos que impactan directamente en los centros de recompensa. Son estímulos gratuitos, suministrados infinitamente desde una posición pasiva que no requiere ningún esfuerzo. Y además son estímulos mucho más potentes que los naturales. Vale la pena recordar que las ratas del experimento acababan por preferir la autoestimulación a la alimentación.

Para cuidar y preservar la actitud proactiva de los bebés y de los niños pequeños, a la hora de ir a un restaurante sería más saludable para ellos recuperar la tradicional bolsa con colores, hojas blancas, cartas y algún juguete, acompañados, cómo no, de un par de sacos extra de paciencia, un kit de salvamento infinitamente más sano que una *tablet*.

La principal función de la caja de herramientas para enfrentar la vida consiste en conseguir que tanto el niño como el adolescente sepan de su presencia y de su utilidad y que tengan el automatismo de acudir a ella en cada ocasión, en cada situación que les suponga un reto, cada nueva actividad que deban afrontar para poder acostumbrarse a su uso y adquirir competencias y capacidad de resolución. Pero no solo ante las situaciones externas, sino también ante las sensaciones internas, ante las señales de alerta que envía el propio organismo, a fin de reunir la información aportada por este, detectar la necesidad que se precisa satisfacer y valorar las acciones más apropiadas para ello.

INTERFERENCIAS EN LA GESTIÓN DE LAS EMOCIONES

En estos tiempos se habla mucho de las habilidades de gestión emocional. Desde luego, son más importantes que nunca, pues nunca antes se habían visto tan interrumpidas en su evolución como con la irrupción del mundo digital. La gestión emocional consta de diferentes elementos. El primero de ellos consiste en identificar mi estado emocional, saber cómo me siento, qué estoy experimentando. El segundo supone saber que, a ciencia cierta, tanto si hago algo como si no hago nada, esa emoción perderá intensidad y se regulará sola, con los propios mecanismos fisiológicos. Si me enfado, en unos minutos dejaré de estar enfadado, si me asusto, en unos minutos se me habrá pasado el susto, y si estoy riendo por algo, en unos minutos dejaré de reír. Esto se consigue especialmente a partir de los 8 años, antes de esa edad algunos niños necesitan ayuda externa para regularse. Por ayuda externa entendemos un abrazo, el contacto físico con el niño, la técnica de intervención psicológica a la que se recurre en situaciones de crisis y que implica utilizar y conectar los sistemas parasimpáticos, de modo que el sistema parasimpático del adulto ayude a regular el sistema parasimpático inmaduro del hijo o de la persona en crisis. La calma y la regulación propias, los latidos lentos, la respiración suave, el tono bajo de voz acogen, arropan y participan en el contacto directo con el niño y lo arrastran así a su regulación. También resulta fructífero saber que las emociones no tienen connotaciones positivas o negativas, no son en sí mismas positivas ni negativas, sino que todas forman parte de la vida y se activan de forma automática en respuesta a algo, interno o externo.

Si el niño acaba de perder su juguete favorito, lo más habitual es que esté triste, si se topa con una frustración, lo más normal es que se enfade, y así con todo.

Los máximos logros que podemos pretender son que el niño *identifique* su reacción emocional ante una determinada situación; que sepa que es temporal y que sin hacer nada especial, simplemente con *tolerar* la emoción, ella misma perderá intensidad; que entienda que, sea cual sea su reacción emocional, *siempre es correcta*, que no pasa nada por sentir celos durante el cumpleaños del hermano al verlo recibir tantos regalos y atención. También es importante que el niño entienda que lo único que no puede hacer es tener comportamientos inapropiados, como, llevado por esos celos, pegarle o romperle un juguete a su hermano. Lo único que ha de hacer es buscar la forma de tolerar esa emoción de la mejor forma que se le ocurra, sin comportamientos inapropiados, y si no se le ocurre ninguna tampoco pasa nada, porque la emoción disminuirá sola y el día siguiente ya no será el cumpleaños de su hermano, volverá a ser al día de todos, y llegará también su cumpleaños que podrá disfrutar a su modo.

Ya tenemos los tres elementos principales para los primeros años de vida: *identificar, validar* y *tolerar* la emoción. Pero, una vez más, el niño ha de aprender a ser activo y autónomo en esos procesos. Lo mejor que se le puede decir a un niño que se queja de aburrimiento es preguntarle «¿y qué vas a hacer?». No hay que disparar propuestas como una metralleta, ni mucho menos ponerle delante una *tablet* o la televisión. Se trata de fomentar la actitud proactiva, y solamente si el niño, después de intentarlo, muestra que no resuelve la situación solo —tanto porque se mantiene inhibido demasiado tiempo, cosa muy improbable, como si empieza a molestar— habría que sugerirle alternativas, proponerle actividades.

Cabe aquí una breve reflexión acerca del aburrimiento. El auténtico aburrimiento es un generador de creatividad, un promotor de la acción, aquello que nos saca de casa, lo que nos hace abrir un libro, lo que nos hace escribir o pintar, lo que nos hace imaginar y soñar. El aburrimiento al que hacen referencia muchos niños, adolescentes y también jóvenes no es auténtico aburrimiento, no se debe a una falta de propuestas o de estímulos. El auténtico aburrimiento es una ausencia transformadora, y así como «el hambre agudiza el ingenio», el aburrimiento también. El aburrimiento actual del que se quejan los chicos con acceso a las pantallas es otro tipo de aburrimiento, que en realidad se asemeja más a un empacho, a un colapso, a la fatiga de los receptores sensoriales. No viene de una falta, sino de un exceso. Cabe aquí recordar que el enemigo del deseo es la satisfacción. Cualquiera que quiera seguir siendo una persona apasionada tiene que alimentar la pasión con la restricción, porque el enemigo del deseo es la saciedad y su motor es la carencia, la falta, el hambre. Satisfacer todas las necesidades identificables solo puede acabar en una profunda sensación de insatisfacción. Cuando nuestro hijo nos diga que se aburre, no perdamos el tiempo recordando todas las actividades que ha hecho últimamente, ni caigamos en la trampa de seguir manteniéndolos en la rueda de la insatisfacción con un montón de nuevas propuestas, no sigamos ofreciendo diferentes platos de comida a una persona con una indigestión por empacho. Lo que ellos llaman aburrimiento en la mayoría de los casos no es tal. Y es muy fácil identificarlo, porque un niño aburrido al que se le dice «búscate la vida», en menos de tres minutos se la ha buscado. Un niño empachado se retuerce en eso que él llama aburrimiento. Si tiene la mala suerte de seguir insistiendo en lo mismo, y su estrategia radica en intensificar los estímulos para poder recuperar alguna sensación, para romper o salir de ese estado de falta de sensación, en la preadolescencia pronto acabará encontrándose con el mundo de la autolesión. El niño no encontrará en las pantallas lo que precisamente ellas le han robado. Los estudios que indagan sobre las motivaciones que incitan al uso de redes sociales coinciden en que las personas que recurren a ellas para aliviar el aburrimiento o para conectarse socialmente acaba desarrollando tendencias y patrones de comportamiento patológicos.[74]

Este mecanismo es atribuible a las pantallas. En la gestión emocional con pantallas se abusa de la distracción, una estrategia de gestión emocional que tiene que ser utilizada con mesura, especialmente cuando esa distracción no surge como propuesta del propio niño, sino que le viene servida desde fuera, ante su actitud pasiva. Todas las reacciones emocionales son anuladas y desactivadas desde fuera, de forma artificial y con una actitud pasiva. De este modo, los niños crecen con lo que llamamos un «locus de control externo»: todo lo que les pasa viene de fuera y sienten que no tienen nada dentro con lo que puedan combatir. Con 13 y 14 años siguen usando estímulos impactantes externos para manejar estados emocionales que, aunque normales, son rechazados por ellos, los incomodan, los desbordan, no han aprendido cómo manejarlos. En psicología a todos esos recursos se los llama «soluciones problema» porque no tocan la esencia del problema ni sirven para desarrollar soluciones, solo provocan distracción momentánea desde una posición de pasividad interna. La calma es proporcionada por estímulos externos, ya sea una sustancia, una descarga de rabia con heteroagresividad o una autolesión, que impiden el desarrollo de recursos personales de afrontamiento.

> La persona crece y madura trabajando con conflictos. Lo seductor de la autolesión es que elimina rápidamente tensiones destructivas acumuladas sin necesidad de ese trabajo con los conflictos que tanta energía requiere.
> (Han, 2022a, p. 74)

Un mensaje de esperanza: aunque los adolescentes pueden deteriorar o interrumpir sus procesos internos de gestión emocional a base de conductas problemáticas, como enfrentar la situación de aburrimiento o de soledad recurriendo precisamente a los elementos que la crean,[74] cada año su propio proceso madurativo los pone en mejor situación para gestionarla. Los recursos siguen aumentando durante toda la adolescencia, algunos sitúan la madurez en torno a los 21 años, otros incluso más allá. Nada puede hacer que la adolescencia se convierta en la mejor etapa de la vida del ser humano, es casi obligatorio transitar una crisis con ella. Si cuidamos el desarrollo del niño, la crisis será más transitable. Si no se llega bien preparado desde niño para la gestión emocional, los seis años de adolescencia se pueden hacer verdaderamente largos.

La evidencia convergente de la investigación biopsicosocial en humanos y animales demuestra que la estimulación sensorial crónica (a través de la exposición a la pantalla) afecta el desarrollo del cerebro y aumenta el riesgo de trastornos cognitivos, emocionales y conductuales en adolescentes y adultos jóvenes.[7] El uso de pantallas durante la infancia está relacionado con un deterioro de la salud visual y con alteraciones del sueño, a la vez que es un promotor de sobrepeso y obesidad generado por el sedentarismo y el fomento de malos hábitos alimentarios. Asimismo, interfiere negativamente en el rendimiento escolar y está relacionado con un deterioro de las funciones ejecutivas (atención, percepción, lectoescritura, creatividad), herramientas intrínsecas y fundamentales del ser humano con las que enfrentamos los retos presentes y futuros.[49] Ortega y Gasset estaba en lo cierto: «Yo soy yo y mi circunstancia, y si no la salvo a ella no me salvo yo». Se hace imprescindible cuidar el neurodesarrollo de los niños, preservar las herramientas con las que salvarán su circunstancia, sea cual sea.

Una vez más apelamos a la Declaración Europea sobre los Derechos y Principios Digitales para la Década Digital: es la persona la que está en el centro y es la digitalización la que debería ponerse al servicio de la salud de las personas, no sacrificar a las personas para mantener la salud de la industria digital.[11]

INTERFERENCIAS EN LA CREACIÓN DE VÍNCULOS

Las guías de recomendaciones de uso de pantallas utilizan a menudo una imagen verdaderamente aterradora. Me refiero a la típica foto de niños y adolescentes sentados uno junto a otro en un parque, cada uno absorto en su propia pantalla. Lo aterrador es que da la impresión de que esta anomalía se acepta como si de un desastre natural se tratase, como si fuera algo que ha ocurrido y que hay que aprender a asumir. Afortunadamente, también destacan los comentarios y descripciones que hacen padres, monitores y profesores acerca de las escuelas o espacios en los que se ha conseguido erradicar, descontaminar, desinfectar o limpiar las interferencias de las pantallas. Todos coinciden en dos aspectos: que los chicos se mueven más y parecen estar más activos, y que sencillamente recuperan el ancestral o natural impulso de interaccionar con el otro, interactuar, jugar, cruzar miradas, establecer el contacto.

El hecho de ser estimulados por un mismo estímulo externo no sirve para establecer un vínculo con el otro, no afianza la interacción, no mejora las relaciones. Ver el mismo video de entretenimiento o una misma imagen impactante, y menos si esta es violenta, no nos une con el otro. Lo que une es la estimulación que una persona provoca en la otra y viceversa, lo que mis gestos, mis actos y mis palabras generan en el otro, la estimulación que surge de la propia interacción, la individualidad, los gustos, las inquietudes, aquello que hace especial a la rosa de *El principito*. Lo único que la diferencia del resto de las rosas, todas ellas iguales, es la dedicación que se le ha ofrecido. Lo que hace especial a una persona, lo único que nos diferencia de la masa, de lo indiferenciado, es el tiempo que hemos compartido, el tiempo que nos hemos dedicado.

Así, en un mundo sin interferencias artificiales, los niños y los adolescentes salen a la calle y a los parques, muchos ni siquiera por gusto, sino impulsados por el «hambre», por la necesidad de acabar con el aburrimiento. Allí se genera el mejor espacio de aprendizaje que se puede imaginar, se encuentran con otros niños como ellos, sin nada especial, sin filtros, solo algunas diferencias temperamentales y motoras, niños que acaban siendo especiales los unos para los otros, de la mano del tiempo compartido. Solo por el hecho de compartir tiempo juntos acaban tolerando los aspectos molestos y fastidiosos del otro, y este tiene la oportunidad de seguir limando esos aspectos que irritan al compañero, aprender a ser menos pesado, a repartir el tiempo de las interacciones, a controlar la frustración porque no siempre se sale con la suya, a ceder, a perder y también a ganar, a perdonar y tolerar los errores del otro, perdonando así los propios.

Y así se ven vinculados emocionalmente a personas imperfectas, se consideran amigos, amigos que cometen errores, involucrados en una relación interpersonal, que alimentan la conexión, que se sienten parte, que recogen los frutos de la sensación de pertenencia, que consiguen amar y ser amados, sentando así las bases de lo que serán el resto de las relaciones en el futuro. No, no hay que ser más alto, ni más guapo, ni más delgado, ni tener los ojos de diferente color, ni ser el mejor para sentirse vinculado a la vida, son cosas menores que todos podemos desear, pero para querer y que nos quiera el otro, para pertenecer, solo necesitamos interactuar con esos otros, con algún otro, dedicarle tiempo.

En las relaciones familiares, en las interacciones entre padres e hijos, se repite la triste situación descrita en las relaciones con iguales. El 70 % de los padres afirma que las pantallas o algún tipo de tecnología son una distracción que interfiere en el tiempo compartido en familia.[12] Y se tiene la sensación de que esto es inevitable. La relación entre padres e hijos se convierte en una interferencia en la relación de estos con sus respectivas pantallas. El mundo al revés. Para un padre, resulta devastador comprobar que su presencia, el tiempo compartido con su hijo, en lugar de ser deseable y enriquecedor para ambos se vive como una molestia, como una interrupción. Por más verdadero y profundo que sea el amor de un padre a un hijo, esas son experiencias que hieren, distancian y deterioran las relaciones. En este caso no vale aquello de que «recoges lo que siembras, pues tú también estabas con la pantalla cuando él era pequeño». No, no lo sabíamos, de haberlo sabido, al menos lo habríamos combatido, pero el enemigo es temible, en muchas ocasiones desborda la propia voluntad del adulto. Y el niño no es rival, las pantallas hacen con él lo que ellas quieren.

Además, qué otra cosa podíamos hacer entonces, si todavía hoy las guías y los informes recomiendan a los padres consumir con sus hijos. Es cierto que algunas disimulan el término, y en lugar de «consumir» hablan de «compartir» los intereses de estos, pero muchas se refieren sin complejos a consumir. En efecto, no podíamos hacer nada, ni siquiera los clínicos hemos estado a la altura de las circunstancias, es cierto que no somos expertos en todo y que hay mucho que aprender, pero ciertas cosas no son tolerables. Así, en la práctica clínica, todos los profesionales se echan las manos a la cabeza cuando un padre dice: «Sí, yo preferiría que mi hijo no fume porros, pero como no lo deja por mucho que yo le diga, pues bueno, nos los fumamos los dos y así compartimos un tiempo juntos». Pues bien, esos mismos profesionales son capaces de sugerir que, ya que es el mundo de sus hijos, ya que es una generación digital y dado que es inevitable, pues que se sienten a jugar con ellos a los videojuegos, es una forma de compartir entre padres e hijos. Pero consumir juntos no parece la solución más aconsejable. Un profesional de la salud mental jamás debería recomendar participar en una actividad padre-hijo en la que no hay contacto visual ni contacto físico, en la que no se comparte un espacio de interacción proactivo, cuyas normas vienen dadas desde fuera y las miradas, contactos o conversaciones son vividas como interferencias, pues el videojuego requiere toda nuestra atención. Eso no es una actividad en la que un padre debería involucrarse con su hijo. Obviamente, el adolescente que fuma porros aceptará la presencia de un padre que se los suministra, un niño delante del videojuego aceptará a un padre que, en lugar de cumplir con su función, le permite seguir consumiendo, y una niña de 8 años aceptará que su padre empiece a ayudarle a difundir su intimidad en redes sociales y a disfrutar de la lluvia de *likes*.

Volviendo a la enseñanza de *El principito*, lo que hace especial a una rosa, lo que la diferencia de las otras que son exactamente iguales, es el tiempo que se le dedica. Lo que convierte a la familia en un factor protector contra las conductas de riesgo no es la mera existencia de la familia, sino la participación familiar, pero, por supuesto, esta requiere dedicar tiempo. Y ese tiempo, la vida, el tiempo de vida, es un bien que cotiza en alza, tanto o más que «los metales de las tierras raras», tan vitales para el sector tecnológico. De hecho, las pantallas consumen precisamente el tiempo del ser humano, de su vida.

Ciertamente, en nuestro día a día vivimos tan de cerca la generalización y la naturalización de estas interferencias que parece innecesario ponerlas de manifiesto mediante evidencias científicas. Así y todo, veamos qué dice la investigación al respecto.

Mucho antes de la pandemia de COVID-19, incluso antes de que TikTok irrumpiera en la sociedad, algunas investigaciones apuntaban a que la comunicación digital, en particular las redes sociales, proporcionan a los jóvenes la impresión de estar más conectados, aunque en realidad los conducen a estar más solos y desconectados, incrementando los sentimientos de soledad.[75] Asimismo, se ha observado la interferencia en las interacciones de madres con sus hijos de 6 años, ciertamente en estudios que no pueden atribuir causalidad, pero en los que se evidencia que las madres que usaban dispositivos móviles durante la interacción con sus hijos iniciaban menores interacciones de comunicación verbal y no verbal con ellos que las madres que no consultaban el móvil durante la interacción.[76] También se ha visto que los padres no solo inician menos interacciones con los hijos (de 2 a 6 años), sino que, durante el uso del móvil, ignoran las iniciativas de interacción por parte de los niños y manifiestan falta de atención, hasta el punto de que a veces no cuidan la seguridad de los menores ni atienden a sus necesidades emocionales. Los niños, por su parte, expresan reacciones emocionales negativas de frustración e ira, que en ocasiones se manifiestan en diferentes formas de conducta inapropiada o de riesgo, o en el retraimiento de cualquier intento de comunicación con sus padres.[77,78]

Para referirse a las interrupciones en las interacciones interpersonales que se producen por los dispositivos de tecnología digital y móvil se ha acuñado el término *technoference*.[79] Dos revisiones científicas que se presentaron antes de la pandemia de COVID-19 estudiaban el fenómeno de la *technoference* y analizaban la interferencia que genera la digitalización en las relaciones o conexiones interpersonales, especialmente en el ámbito intrafamiliar. Ambas revisiones detectaron efectos negativos de esta interferencia en la calidad de las relaciones paterno-filiales. Se observaron menos interacciones verbales y no verbales con los hijos, una demora en las respuestas a los intentos de interacción por parte de los hijos y unas respuestas menos afectuosas ante estas demandas de atención.[80,81]

McDaniel[81] señala tres vías de afectación de la relación entre padres e hijos, a saber: (1) el tiempo empleado con el móvil compite con el dedicado a otras actividades, reduciendo las oportunidades de interacción; (2) la atención dividida, es decir, el cambio continuo de la atención del móvil a interactuar con el niño, puede dificultar la interpretación y la respuesta ante las señales del niño; y (3) el uso del teléfono móvil a menudo provoca respuestas emocionales negativas en quien lo utiliza, como estrés, ira o celos, que interfieren negativamente en la interacción de los padres con sus hijos y les impiden estar emocionalmente disponibles.

Vale la pena volver a poner de relieve una perversa paradoja. Mientras observamos que las pantallas y la digitalización interfieren en las relaciones interpersonales, los adolescentes —y a veces también los padres— siguen creyendo que la solución se encuentra precisamente en lo que genera el problema. Internet proporciona una gratificación instantánea, y así, de manera ilusoria y engañosa, parece ayudar a los adolescentes a mitigar su sentimiento de soledad y su estado de ánimo negativo, convirtiéndose de este modo en una forma de evasión.[82] Pero no hay dónde esconderse, internet es el precursor de esos sentimientos de soledad y de ese malestar, así como del citado aburrimiento, no es la solución. Internet nos proporcionará aún más distracciones, que no nos ayudan a mejorar nuestras habilidades relacionales, que no contribuyen a generar vínculos ni enriquecen la interacción intrafamiliar.

> **El tiempo que nos han robado es el de la carencia,**
> **es decir, el del deseo. El del amor, el del otro,**
> **el de lo absoluto. (B. Patino, 2020, p. 91)**

Efectivamente, las relaciones no se establecen únicamente entre personas, hay relaciones de cuidado y de soporte mutuos, que no se dan entre personas. Hablamos aquí de los animales de compañía, en particular de los perros, un animal con una increíble capacidad de vincularse al ser humano, el mejor amigo del hombre, capaz de acompañarnos y de ayudarnos a enfrentar la soledad. La historia de los perros en los hogares se repite sin cesar. La insistencia y los lamentos de los hijos acaban doblegando la voluntad de los padres, que finalmente se rinden a incorporar una mascota a la familia. Los padres saben sobradamente que tendrán que hacerse cargo del animal, pocos hijos cumplen con el compromiso previo de hacerlo ellos. Pero el animal premia la fidelidad, el tiempo dedicado a él, con una lealtad sorprendente y paradigmática. Los perros tienen el don de vincularse a quien los cuida y también a los miembros de la familia, a reconocerlos como suyos, a defenderlos de cualquier agresión sin importar el tamaño del agresor. La fidelidad de un perro ofrece a los hijos la oportunidad de conocer cómo funcionan las relaciones, y de qué manera el cuidado mutuo, la dedicación y el tiempo compartido generan lazos que nos aferran a la vida.

Imaginemos que un niño quiere a un Tamagotchi, y los padres parecen disfrutar de ver cómo su hijo se vincula con un objeto electrónico, incapaz de cualquier tipo de empatía. Así, lo exponen a una situación en la que el pequeño llega a querer a algo que nunca lo podrá querer a él, y cuando este aparato deja de funcionar y «muere», el niño llora y se angustia ante la pérdida. De este modo, todo el tiempo dedicado a la digitalización compite con el tiempo de vida, toda vinculación a un objeto electrónico o invertido en el mundo digital compite con la vinculación real con la vida. De allí que *en la infancia y en la adolescencia, la desconexión es la única forma de estar realmente conectado.*

Ese tiempo que necesitan los niños para aprender, para vincularse, para desarrollarse, para relacionarse, es precisamente lo que desean las grandes empresas tecnológicas. Al final, es su materia prima, aquello con lo que comercian.

5

Aprendizaje formal y manejo de la información. Problemas

Para abordar estos temas, simplificaremos al máximo los elementos de la comunicación y nos limitaremos a los básicos, a saber, el *emisor*, el *mensaje*, el *canal* y el *receptor*. En el caso que nos ocupa, exploramos una situación en la que el receptor de la comunicación es principalmente un niño o un adolescente, y el emisor, un adulto. Así, lo primero que tenemos que definir es la intención del mensaje y su contenido. En este capítulo el papel de las pantallas se mezclará y confundirá con relativa frecuencia, esto se debe a su doble función, la de canal con sus propias características y particularidades, pero también la de interferencia del resto de canales.

El proceso de aprendizaje

Tal como recordábamos anteriormente, el psiquiatra, psicólogo y neurocientífico alemán Manfred Spitzer, cuyas ideas nos han inspirado en este trabajo, sostiene que la digitalización está hecha para ayudarnos a trabajar en la edad adulta, no para aprender en la infancia y la adolescencia. Spitzer defiende algo con lo que todos los especialistas en comportamiento humano y en neurología tratan con asiduidad: el cerebro se desarrolla mediante su uso, lo que ofrece resistencia en el propio proceso de adquisición de aprendizajes no tiene por qué ser negativo o constituir una interferencia, puede simplemente suponer una o más barreras que se han de superar, dificultades propias del proceso de aprendizaje o de la materia en cuestión. Hacer el esfuerzo para adquirir nuevos aprendizajes transforma el cerebro, lo enriquece, afianza la adquisición. Análogamente, si en las primeras etapas del desarrollo del bebé solo le ofrecemos la comida triturada, se debilitarán sus dientes. De manera semejante, toda acción de cara a hacer el aprendizaje más fácil resulta en lo contrario y, paradójicamente, debilita los recursos para su adquisición.

Muchos pedagogos tienen esto también muy claro y lo consideran como uno de los principios básicos de la pedagogía, «no ayudes a quien no necesita ayuda» o ayúdalo muy poco, siempre dentro de la zona de desarrollo próximo que definía Vygotsky.[99] Esta opera en el sentido opuesto, es importante también que los alumnos no se sientan descolgados en los aprendizajes, que no tengan la sensación de que se han caído de un tren que va demasiado rápido y que no se detendrá a esperarlos. Todas las acciones educativas que han conseguido frenar el tren, adaptar las exigencias al ritmo de aprendizaje del alumno concreto, planes individualizados, atención a la diversidad, profesores especializados, refuerzos, etc., todo esto no solo consigue mantener al alumno conectado a la adquisición de los aprendizajes, sino que impacta positivamente en su capacidad de vinculación al colegio y en su bienestar en general.

Así, los recursos que se utilizan en las pantallas y en algunos de los mal llamados programas educativos —aquellos que se crean, supuestamente, con el afán de mejorar los procesos de incorporación y asimilación de los aprendizajes y se utilizan para intentar hacer más atractiva la adquisición de contenidos— corren el riesgo de que resulten distractores y acaben precisamente interfiriendo en la adquisición. Tanto los alumnos que no precisan una ayuda adicional como los que sí han de integrar y hacer consciente el proceso de aprendizaje, pues la conciencia de ese proceso les permitirá conocerlo, regularlo y otorgarle sentido. El tópico o eslogan de que «de este modo aprenden sin darse cuenta» no solo es falso, sino que no se sostendría ni siquiera si fuera cierto. Lo que se consigue de este modo es despojar al niño de todo mérito por su esfuerzo, y a la vez restarle importancia a su autonomía e implicación en el aprendizaje. Ante la pregunta «¿qué has hecho para aprobar/aprender?», solo podrá responder «pues no lo sé» y, lo que es aún peor y más siniestro, dará esa misma respuesta ante la siguiente pregunta: «¿cómo vas a aprender/aprobar estas materias que son un poco más difíciles?». Las pantallas, como hemos visto, interfieren en todos los procesos que la propia naturaleza ofrece al niño para aprender sin ser consciente: el juego libre, la relación con los otros, el contacto físico y visual, la creatividad, la imaginación que consigue hacer de un simple palo una varita mágica, una espada, una batuta de director de orquesta... Así, la digitalización parece querer encorsetar, operativizar y hacer consciente los procesos naturales de aprendizaje, interrumpiéndolos de esta forma, cortocircuitándolos y haciendo inconsciente la adquisición de los aprendizajes formales, a los que también despoja de sus elementos esenciales... El aprendizaje incluso se convierte en un proceso de competición con aspectos adictivos, así el niño se esfuerza haciendo maniobras reiterativas para llegar a la «categoría diamante», o para ser el primero de la lista de nombres inventados que sale en alguna pantalla, o el mejor del grupo...

El último giro de tuerca viene de la mano del ChatGPT, uno de los sistemas de Inteligencia Artificial más revolucionario, capaz de responder a cualquier cosa que se le pida. Parece evidente que no quedará otro remedio que prohibir su uso en las escuelas: imaginemos en qué se convertiría la enseñanza si cada alumno pudiera delegar en el programa la realización de los trabajos encargados por el docente. Es difícil de imaginar una pedagogía peor. Pero lo siniestro de esta herramienta no es su eventual uso en las escuelas, sino la evidencia de que el máximo interés no está en los procesos de aprendizaje de nuestros hijos, sino en los de los propios programas de inteligencia artificial. Da la impresión de que verdaderamente nos estamos creyendo que somos los padres del mundo digital, en lugar de los padres de nuestros hijos, ante la disyuntiva de qué ponemos por delante, parece estar ganando la máquina. ¿Cómo la podemos querer tanto? Seguramente por el tiempo que le dedicamos, pero ¿se nos habrá olvidado que ella no nos quiere? Al menos no todavía…

> Los colegios, santuarios de los conocimientos, la oración,
> los debates, las reuniones: recibir, celebrar, transmitir,
> retomando la famosa trilogía de Emmanuel Levinas, solo
> pueden hacer su labor cercenando la dependencia digital.
> **(B. Patino, 2020, p. 159)**

El propio Spitzer acuñó el término «demencia digital»,[5] con el que da cuenta del deterioro de los procesos de aprendizaje provocado por la exposición a las pantallas y la relación entre su interferencia en las etapas de desarrollo y la demencia en la edad adulta. Mientras tanto, en el mundo de la industria tecnológica y en algunos sectores del mundo educativo tienen éxito argumentos confusos, como que antes se valoraba lo que una persona sabía, los conocimientos adquiridos, pero ahora se valora lo que una persona puede hacer, ya no es tan importante saber, pues podemos acceder a toda la información con un clic. Pues eso suena bien, pero ni siquiera quien afirma tal cosa sabe de qué está hablando. Mientras estos eslóganes panfletarios se vuelven cada vez más populares, los neurocientíficos continúan alarmados. Uno de los conceptos teóricos en los que sustenta esta preocupación es la «reserva cognitiva»,[83] un constructo que se ha teorizado para explicar la discrepancia entre el deterioro cerebral observado y los resultados clínicos finales, lo que supone que hay pacientes con importantes afectaciones que deberían presentar un peor funcionamiento del que demuestran. Es un concepto muy interesante para el campo de las demencias, pero también para el de la psicosis. Así, se entiende que cuanto más conocimiento acumulado tenga una persona, cuanto más haya aprendido a lo largo de la infancia y la adolescencia, menor riesgo tendrá de padecer una demencia, o menor será el deterioro causado por esta en caso de padecerla, incluso el deterioro será menor que el que se puede observar en algunos pacientes tras un eventual episodio psicótico.

La estimulación sensorial proveniente de la exposición a las pantallas está relacionada precisamente con aspectos que dificultan el llenado de la reserva cognitiva. Se vincula con un enlentecimiento en el proceso de aprendizaje y de adquisición de conocimientos y, al final, con un deterioro cognitivo prematuro.[84] En una revisión realizada en 2022, Manwell y colaboradores[7] presentan un gráfico muy ilustrativo de la comparación entre la adquisición de la reserva cognitiva mediante la estimulación normativa, por un lado, y mediante la estimulación de pantallas, por otro. El gráfico es realmente impactante. Dos aspectos que destacan en él: el primero, la mayor adquisición mediante la estimulación normativa; el segundo, la importancia de la adquisición de conocimientos precisamente en las etapas sensibles, durante la infancia, la adolescencia y los primeros años de vida adulta. La infancia y la adolescencia son las etapas más ricas de incremento, pues ya en la edad adulta temprana se empieza a observar un deterioro que se prolonga durante todas las etapas evolutivas subsiguientes. La interferencia que entorpece los mecanismos a través de los que se enriquece la reserva cognitiva parece presentar una dirección clara. En Canadá se realizó un estudio[85] con 2 441 díadas de madres e hijos y se encontró que los niveles más altos de tiempo frente a la pantalla en los niños de 24 y 36 meses se asociaba con un desempeño deficiente en el logro de los hitos del desarrollo de los niños a los 36 y 60 meses, respectivamente. Sin embargo, no se observó la asociación inversa: el hecho de tener niños con un desempeño deficiente en el desarrollo no provocaba que pasaran mayor tiempo ante las pantallas.

El manejo de la información

Volviendo pues a la pregunta por la intención del *emisor*, podemos responder que esta consistirá en enviar al niño y al adolescente *mensajes* ricos en nutrientes, es decir, contenidos y conceptos que estos luego puedan aprender a relacionar y a deducir, en fin, conocimientos que, teóricamente, los harán más libres o incrementarán sus posibilidades de serlo, y que, finalmente, serán beneficiosos también para su salud.

¿Qué necesita o entendemos que necesita el *receptor* en todo este proceso? En el futuro, el receptor, es decir, el niño y el adolescente, solo incorporará la digitalización como una ayuda en la edad adulta. En etapas vitales posteriores le resultará muy útil para trabajar, pero durante la infancia y la adolescencia lo que realmente le va a ayudar será disponer del conocimiento que conforma la reserva cognitiva al servicio del desempeño personal, familiar, social y eventualmente laboral. Cuando ya hayamos incorporado los conceptos y la información que nos permitirá manejarnos en la vida, la reserva cognitiva estará fuera del periodo sensible de adquisición, pero seguirá en pleno rendimiento, madura e integrada.

Toda comunicación e información nuevas que hayan de ser incorporadas tienen que presentar cierta coherencia, deben ir integrándose progresivamente en el cuerpo de conocimientos adquiridos con anterioridad. El funcionamiento del cerebro del niño no ha cambiado, tampoco sus necesidades ni su inocencia. Los niños siguen creyendo en los Reyes Magos, en Papá Noel y en el Ratoncito Pérez incluso hasta más allá de los 6 años de edad. En la actualidad, es más esencial que nunca que el proceso de adquisición de la información sea guiado, acompañado y organizado por los adultos. Así, si un niño nos pregunta: «¿Por qué me dicen en el colegio que copie el enunciado en la libreta, si ya está escrito en el libro? No tiene sentido», se le puede responder que es exactamente por el mismo motivo por el que, cuando era más pequeño, la madre o el padre le pedían ayuda y colaboración, y le decían que escribiera la lista de la compra, simplemente era para que practicara la escritura, exactamente igual que al pedirle que escriba un enunciado. Ciertamente, escribir el enunciado no únicamente sirve para practicar la escritura, también impacta en la comprensión lectora del propio enunciado, otro elemento esencial para el desarrollo.

De algún modo, para un niño y un adolescente tener acceso a internet equivale a lo que antiguamente suponía ser socio de una biblioteca. Los libros en las estanterías, sin embargo, no hacen nada si uno no los abre y los lee, lo mismo da que sean tres mil o treinta mil. Pero a veces resulta que menos es más. Si solo tiene acceso a tres libros, el niño empezará a leer. Ante tres mil libros, con toda razón, no sabrá por dónde empezar. Hace mucho tiempo que en el mundo académico se dice algo muy ilustrativo en este sentido: antes los directores de tesis doctorales suministraban a los doctorandos informaciones a las que tenían un acceso privilegiado, especialmente por su conocimiento. Actualmente, un director de tesis no ayuda al doctorando ofreciéndole acceso al conocimiento, sino ayudándole a descartar mucho del conocimiento que hay disponible, todo lo que implique interferencias.

Pues bien, imaginemos cómo puede reaccionar un adolescente al que se le encarga un trabajo y que, al realizar la búsqueda en Google, el buscador le informa que ha obtenido 37 millones de resultados. Desde luego, el primer impulso consistirá en abandonar. Para colmo, en el mismo lugar donde realiza la búsqueda le saltan otros tantos millones de estímulos generados para captar su atención. Durante la infancia y la adolescencia, especialmente en el proceso de aprendizaje, las TIC o Tecnologías de la Información y la Comunicación podrían pasar a llamarse TDD o Tecnologías de la Distracción y la Desinformación. Las personas en formación necesitan guías, deben ser acompañados a tomar contacto con la información verificada y fiable. Así, después de haber estado mucho tiempo en contacto con este tipo de información podrán aprender a distinguir qué características y elementos determinan que sean fiables. Los adolescentes no pueden adquirir un sentido crítico desde la nada, desde el vacío, no pueden hacerlo sin estar armados con un vasto sentido propio, a partir del cual podrán referenciarse y referenciar todos los datos e informaciones que sin duda les seguirán llegando.

Los niños y los adolescentes, pero especialmente estos últimos, no saben qué o a quién creer. Especialmente en la adolescencia tardía y la edad adulta joven, ellos mismos ponen en duda los conocimientos que les llegan a su dispositivo, y la duda siempre es la misma, «¿cómo sé yo que esta persona es un referente en esto de lo que habla?». Recordemos algunos datos del estudio citado en el tercer apartado del capítulo 3 (cf. *supra*, p. 74), que valora la calidad y la fiabilidad de los consejos de TikTok disponibles en perfiles de salud mental. En dicho estudio se evidencia que el 83,7 % de los consejos sobre salud mental en TikTok son engañosos y que, lo que es aún más grave, el 14,2 % de los videos incluyen contenido que podría ser dañino. En el artículo también registran los datos por patologías. Curiosamente, de los videos que hablaban en TikTok del Trastorno por Déficit de Atención e Hiperactividad (TDAH), todos, es decir, el 100 %, presentan información engañosa.[64]

Hoy más que nunca el niño y el adolescente en formación necesitan una guía. En la oscuridad uno puede seguir desplazándose a tientas con las manos, cuando lo que impide ver no es la oscuridad, sino un exceso de luz que daña los ojos, ya ni a tientas se puede andar, pues con las manos nos tapamos los ojos, así que más que nunca es necesaria una mano que guíe.

Finalmente, ¿cuál es el *canal* más adecuado para transmitir todos estos mensajes e información? Pues, a la luz de lo que hemos presentado a lo largo de todo el trabajo, no parece que las pantallas sean el canal más apropiado, por diferentes motivos, entre ellos, por su potencial distractor, por la evidencia de los peligros que todavía contiene, por la interferencia que genera en los aprendizajes, por su pobreza, pues carece de elementos fundamentales, como la comunicación no verbal, etc.

Difícilmente se pueda ser más claro que Carlota Nelson en su artículo publicado en UNICEF,[86] cuyo título adelanta cuál considera ella que es el canal apropiado: «Babies need humans, not screens». Dice Nelson en su artículo:

Para que los niños tengan éxito, necesitan aprender a concentrarse y focalizarse. Esa habilidad comienza a desarrollarse durante sus primeros años cuando sus cerebros son más sensibles al entorno que los rodea. Para que un cerebro se desarrolle y crezca, necesita estímulos esenciales del mundo exterior. Más importante aún, necesitan tiempo para procesar estos estímulos. Mientras que leer libros de cuentos en voz alta les da a los niños tiempo para procesar palabras, imágenes y voces, la constante absorción de imágenes y mensajes en pantalla afecta su capacidad de atención y focalización.[86]

Efectivamente, a los niños las pantallas no les sientan tan bien como algunos desearían. Un grupo investigador de Noruega[87] realizó un estudio con dos condiciones experimentales y asignación aleatoria de los participantes, aunque es cierto que contaron con una muestra pequeña. Las situaciones experimentales consistían en una prueba de comprensión de texto. A un grupo se le presentaba el texto en papel y al otro grupo en un PDF en la pantalla del ordenador. Los resultados fueron claros, los alumnos que hicieron la lectura en papel obtuvieron mejores resultados en el test de comprensión lectora. Los autores alertan de los riesgos de asumir de forma automática que un cambio, supuestamente insignificante, en el formato en que se presentan los textos no tendrá ningún efecto.

En algunos ámbitos se afirmaba taxativamente que la aparición de los libros electrónicos acabaría con el libro en papel. Después de más de una década, se estima que significan el 20 % de la venta total de libros. El 80 % sigue siendo en formato papel. Posiblemente encontraríamos un resultado similar si hiciéramos una encuesta entre gente que oposita a un cargo. Todos pueden apreciar la ayuda de un ordenador, pero ningún opositor que aspire a competir por una plaza renunciaría a los apuntes manuscritos, y quien lo haga, quien renuncie a esa vía de estudio, sencillamente no podrá competir. Para la lectura, lo mismo que para la escritura manual, el papel sigue teniendo mucho más potencial que la pantalla. No es lo mismo picar la tecla «f», que escribirla a mano, un adulto puede permitirse picar una tecla, un niño en pleno proceso de aprendizaje simplemente no se lo puede permitir. Quienes sugieren sustituir el papel por medios electrónicos deberían ser conscientes de que con ello le estarían robando al niño oportunidades de aprendizaje.

Las pantallas son un canal generador de distracción, de profunda pobreza, que tritura los mensajes y que trata a las personas como si fueran ocas para hacer paté, embuchándolas con una fuente inagotable de estímulos y distracciones. Esto es así al menos en el formato más popular entre los adolescentes, como son las redes sociales Instagram y TikTok. Y también en algunos formatos favoritos entre los niños, como algunos videos virales de YouTube, con millones de visualizaciones. Son mensajes carentes de mensaje, no presentan ninguna narrativa, no hay historias, no hay comienzos ni finales, carecen de estructura, no tienen un inicio, un nudo y un desenlace. Unas manos que abren regalos, unas bolas de colores moviéndose por la pantalla, unos niños abriendo cajas de juguetes... dos horas de videos de TikTok que no dejan el menor poso en el supuesto receptor. La interacción es similar a la de la rata de Skinner, un juicio rápido, *like, hate*, y un salto automático al siguiente estímulo, al siguiente video. No es necesario hacer nada para seguir, lo único que requiere una acción es parar, detenerse, pero como no hay principio ni fin, parar siempre significa interrumpir algo, por lo que se vuelve más difícil. Un niño al que se le da de comer ante una pantalla no sabe qué está haciendo, no sabe que ha empezado algo, que se ha iniciado con la introducción, poniendo la mesa, preparando los platos, sirviendo la comida, y que empieza una acción que consiste en comerse la comida, en poner atención a la motricidad fina, en no mancharse, en organizar mentalmente la forma de comer la comida del plato. ¿Empiezo por lo que más me gusta o lo dejo para el final? Las distracciones surgen de la interacción con los miembros de la familia, y cuando se ha acabado de comer, se recoge todo, cerrando así la secuencia de la cena. Hacer una comida en familia al día no solo es una oportunidad comunicativa. Si se hace sin interferencias, es también un factor protector para evitar el desarrollo de un Trastorno de la Conducta Alimentaria (TCA). La vida son relatos, la vida es narrada, la capacidad de organizar la experiencia en historias con introducción, nudo y desenlace no solo es aprendizaje de las bases de la comunicación, también es salud.

La comunicación que se genera mediante el canal digital no solo carece de relato, sino que también está vacía de la mirada del otro, mutila a la comunicación de su aspecto más esencial, la comunicación no verbal, y, en el mejor de los casos, la sustituye por unos «emoticonos». Puede parecer un chiste, pero estos han sido esenciales para seguir promocionando la utilización de un canal tan pobre en información esencial, pero con el premio de la inmediatez y la velocidad, el ahorro de energía y de tiempo, pues no se tarda lo mismo en enviar un WhatsApp que en ir a ver a un amigo. En efecto, la inmediatez y la velocidad parecen ser imprescindibles hoy en día, no olvidemos que el tiempo es oro, aunque también convendría preguntarse ¿para quién es oro mi tiempo? ¿Quién está interesado en que mi vida vaya más rápido? ¿A quién le interesa promover la desagradable sensación del FOMO (*Fear of Missing Out* o «miedo a estar perdiéndose algo»)? Efectivamente, no a nosotros, ni tampoco a nuestros hijos, sino al que comercia con ese tiempo, el que pone los medios, el que pareciera decirnos: «Manda un mensaje de WhatsApp rápido a tu amigo, no lo interrumpas mucho, que está mirando su pantalla, y tú igual, sigue aquí mirando cosas... mira todo lo que han colgado en TikTok, ¡no te lo irás a perder! ¿no?».

6

VIOLENCIA Y PANTALLAS

El historiador Rutger Bregman publicó un ensayo[88] en el que defiende la bondad del ser humano y discute la teoría de la «capa de barniz», según la cual el ser humano sería en esencia malvado, violento y egoísta, y el hombre sería el peor enemigo del hombre, *Homo lupus homini.* Nos recuerda la postulación de Tucídides acerca de la tendencia humana a delinquir, nuestra condición intrínseca de pecadores señalada por Agustín de Hipona («ni siquiera el niño que ha vivido un solo día está libre de pecado») y todo un nutrido grupo de pensadores que consideran al ser humano esencialmente malo: Maquiavelo, Hobbes, Lutero, Calvino, Burke, Bentham, Nietzsche... Bregman intenta desmontar las ideas de cada uno de ellos, sumándose así a los defensores de la bondad esencial del ser humano, tales como Aristóteles, Rousseau y, más recientemente, Randall Collins.

No se trata aquí de dirimir la cuestión ni de posicionarnos al respecto. Lo que sabemos es que el ser humano es capaz tanto de mostrarse generoso, solidario y hospitalario, como de lo contrario, agresivo, violento y abusivo. Reflexionaremos aquí acerca del eventual impacto de las nuevas tecnologías en los niños y adolescentes, y exclusivamente en estos, más allá de sus efectos en los adultos, incluidos los adultos jóvenes. En definitiva, procuraremos valorar si el acceso a pantallas puede tener alguna relación con actitudes violentas como el acoso, la violencia sexual o la propia conducta suicida, como acto violento contra uno mismo.

Nos haremos dos preguntas, que vienen a ser la misma, aunque planteada desde las dos concepciones opuestas a las que hemos aludido: (1) ¿El acceso a nuevas tecnologías en la infancia y la adolescencia quita la capa de barniz que impone la sociedad al ser humano, dando así rienda suelta a sus comportamientos violentos? (2) ¿El acceso a las nuevas tecnologías en la infancia y la adolescencia corrompe la esencia bondadosa del ser humano? No importa el punto de partida, la pregunta es sencilla: ¿El acceso a pantallas incrementa los comportamientos violentos de niños y adolescentes?

Hemos reflexionado a lo largo del ensayo sobre la función de las pantallas en la vida cotidiana. Prácticamente nadie duda de que son un canal de comunicación directa, un canal abierto, sin filtros ni medidas de protección. Ni siquiera los organismos internacionales pretenden ocultar sus peligros, los mencionan en todos sus informes y se comprometen a reducirlos en el futuro. El mundo digital constituye un canal que convierte al usuario en emisor, pero también, y principalmente, en un receptor expuesto a todos los emisores que pretenden llegar a él.

A esto lo hemos considerado como una puerta abierta de acceso a nuestros hijos, una puerta abierta sin control, sin cerrojo ni mirilla, a la que todo el mundo tiene acceso: otros menores, adultos, adultos que se hacen pasar por menores, menores que se hacen pasar por adultos, cualquier combinación posible. A pesar de esto, y de conocer que cuanto más tiempo se emplee en las redes sociales mayor es el riesgo de sufrir acoso,[89] esa puerta de acceso, según el informe de UNICEF,[13] se abre, en el 95 % de los niños, alrededor de los 10 años de edad.

En este capítulo trataremos sobre la violencia sin connotación sexual y las violencias relacionadas con la sexualidad. Pero antes veremos cómo ciertos elementos fundamentales que se hallan en la base de las relaciones entre personas, y que son esenciales para evitar cualquier tipo de violencia, se ven afectados por el uso de pantallas. En este sentido, Carlota Nelson, cuyo artículo realizado para UNICEF[86] hemos citado más arriba, nos habla de dos aspectos primordiales: el control de impulsos y la empatía. Así, nos alerta de que el uso de pantallas reduce tanto la capacidad del niño para controlar sus impulsos como también su empatía. ¿Por qué no puede empatizar con el otro? Por dos razones: la primera, porque tiene dificultades para leer la comunicación no verbal en el otro, es decir, sus expresiones y sus intenciones, y esto es especialmente importante en las etapas de desarrollo preverbales, y la segunda razón es porque ha perdido las habilidades sociales asociadas. Además de resaltar estos dos aspectos, es de agradecer a la autora la claridad de su propuesta: «Los beneficios de limitar e incluso eliminar el tiempo de pantalla en estos primeros momentos durarán toda la vida».

Además del control de impulsos y de la empatía, Amaya López, especialista en contenidos educativos, destaca en un artículo de UNICEF[90] otros tres elementos, esenciales para entender los efectos cognitivos, conductuales y emocionales de la violencia audiovisual en la infancia y que también son relevantes para la violencia de tipo sexual. Estos son:

1) *Desensibilización*. Es un efecto emocional de la violencia que puede afectar a la capacidad de empatizar con los problemas de otras personas.

2) *Efecto de cultivo*. Es una consecuencia cognitiva de la exposición a contenidos violentos. Cuando los medios dan más protagonismo a la violencia que a otros contenidos pueden producir la sensación errónea de que el mundo es un lugar lleno de peligros, fomentando miedos e inseguridades en los más pequeños y tendencias sobreprotectoras en los adultos.

3) *Modelado*. Es un efecto conductual referido a la capacidad que tenemos las personas de aprender y replicar conductas por observación de modelos, sean reales o ficticios.

Estos procesos pueden explicar el fenómeno que genera en los niños la exposición a la violencia audiovisual, en cualquier ámbito, también en el sexual. La exposición a contenidos violentos desensibiliza al niño. Imágenes que deberían impactar, aquellas que hace no tanto tiempo nos hacían tapar los ojos de los niños, se reproducen actualmente en oleadas sin freno, de manera que la capacidad de los niños de sentirse cómodos ante situaciones de violencia que deberían impactarles se incrementa. Por otra parte, las personas tienden a atribuir cierto grado de realidad a todo lo que aparece en la pantalla y así lo proyectan, siendo los niños y los jóvenes los más crédulos y propensos a repetir las conductas mostradas. La sensación de que el mundo es así, de que nada se puede hacer, y de que todo el mundo se comporta como se muestra en la pantalla contribuye a neutralizar los frenos que pudieran interponerse entre el mero pensar en una acción violenta o en involucrarse en una conducta sexualmente violenta, por un lado, y la realidad de efectivamente llevarla a cabo. Si los niños y adolescentes, además, han visto que algún referente al que admiran o con el que se identifican lleva a cabo una conducta violenta, ya no solo se anulan los frenos, sino que aparece el deseo. Cuando a esto se le suman un menor control de impulsos y la falta de empatía con la víctima contamos ya con todos los ingredientes para que la violencia se reproduzca.

Antes de abordar los apartados sobre violencia y sexualidad cabe hacer una aclaración con la esperanza de que sea innecesaria, pero que planteamos por prudencia. Cuando valoramos cómo interfiere la digitalización en el desarrollo de los menores y cómo los afecta en relación con la violencia y con la sexualidad, no la consideramos responsable de toda la problemática. Reducir la violencia, física y sexual, y acompañar a nuestros adolescentes a una entrada cuidada y satisfactoria en la sexualidad son retos y objetivos de siempre, preexistentes a la irrupción de las nuevas tecnologías. Si las pantallas colaboran en la consecución de estos objetivos o si la dificultan es una cuestión que buscamos responder en este capítulo. También pretendemos comprender si se facilita o se obstaculiza la implantación de una educación en valores capaz de competir con todos los contenidos que se vierten en el mundo digital.

CIBERACOSO

Tanto la violencia física como los comportamientos menos lesivos, como la intimidación y la agresividad verbal, son fenómenos que hay que aprender a manejar. Sin duda, la violencia tiene un papel determinado en el mundo animal al ser un factor más en la regulación de la conducta. Recientemente se le preguntaba al primatólogo holandés Frans de Waal[91] cuál era la base biológica de la conducta violenta y si era fruto de un condicionamiento del patriarcado. De Waal confirmaba que, tanto en los primates como en los humanos, estadísticamente los machos son más violentos. Pero incorporaba también un matiz del que se ha hablado en otras ocasiones: «Los machos, que son mucho más fuertes, luchan entre ellos, o hacen como que luchan, que se pelean, peleas que no suelen ser graves. De hecho, aprenden así también a inhibirse para no ser peligrosos con su propia prole. Es algo típicamente masculino que también vemos entre nosotros. Si estás peleándote todo el rato con tus amigos, aprendes a controlarte mientras te diviertes».

En este sentido, no aspiramos a generar una burbuja alrededor del niño, no se trata de protegerlos de todos los peligros. Ciertamente, tienen que luchar sus batallas. Así pues, no tenemos nada que objetar a la teoría de Frans de Waal, y de tantos otros, según la cual la simulación de juego físico de luchas entre los niños y adolescentes contribuye de algún modo a un aprendizaje experiencial relacionado con la empatía, en el sentido de conocer de primera mano lo mucho que duelen determinados comportamientos, y que de este modo se logra una autorregulación y un autocontrol, y por qué no, desfogarse. Pero no por ello debemos renunciar a la capacidad de intervenir de los adultos en estos escenarios, juzgar si la situación es efectivamente un juego o si está entrando en el terreno de la violencia cruel, que ya no aporta nada, y ha devenido en una situación agresor-víctima, especialmente cuando no es un hecho puntual, sino que se repite en el tiempo. No podemos renunciar a que todos los niños y los adolescentes tengan, al menos, un escenario seguro donde esta protección esté garantizada completamente.

> Cuando las condiciones educativas protegen a los niños de todo peligro, les están privando al mismo tiempo del placer de vincularse a aquellos que los defienden.
> (B. Cyrulnik, 2014, p. 76)

Así, aunque estamos totalmente de acuerdo con Boris Cyrulnik, no es menos cierto que debemos poder ejercer esa protección, de lo contrario, el niño se encontrará en una situación semejante a la de aquel que está dentro de una burbuja de protección. Cuando no existen peligros, la persona no necesita protección, por lo tanto, no tiene la posibilidad de vincularse con quien sería su protector, porque esa persona es innecesaria. Por otro lado, si a pesar de existir peligro el que me debería defender no tiene la capacidad de hacerlo porque desconoce mi situación de riesgo o porque no tiene recursos para llevar a cabo una protección efectiva, tampoco aquí existe vinculación con el protector, no por ser innecesario, sino por ser incapaz.

Y con esto entramos de lleno en el único ámbito que se escapa a la supervisión de los adultos, el único escenario en el que los niños y los adolescentes habitan sin supervisión, sin protección, un ámbito violento: el de la digitalización, donde se produce el llamado «ciberacoso». Si los menores no accedieran a las pantallas, sencillamente no existiría esta forma de violencia infinita, sin límite temporal ni espacial, esta violencia que no da tregua, que persigue sin descanso y a la que se suma la humillación pública de conocidos y desconocidos. Así, una intimidación en un pasillo de la escuela termina cuando aparece un profesor. El niño o el adolescente procura esquivar los espacios en los que se pudiera cruzar con los agresores a solas y, de este modo, la mayor parte del día está a salvo. Y cuando acaba la jornada escolar regresa a la seguridad del hogar. Por su parte, los acosadores buscan como sabuesos a sus posibles víctimas, y se tienen que inhibir mientras no encuentran una oportunidad, como el lobo que ha de esperar a que el pastor y los perros no estén para poder atacar a las ovejas. O bien deben conformarse con miradas amenazantes y provocaciones veladas que la víctima podría evitar simplemente ignorándolas. Pues bien, con la digitalización y el ciberacoso los acosadores están de enhorabuena. Malas noticias para las víctimas. Los acosadores amplían su capacidad de acción, recordemos, con una empatía reducida por la continuada exposición a la violencia. Así, a la poca empatía propia de la edad en la que los niños acceden al móvil se suma la desensibilización de la que hablábamos antes. Recordemos que no se espera que los niños de 10 años sean capaces de ver mucho más allá de sí mismos, ni que pongan el posible dolor que generan en el otro por delante de sus ganas de «dar la nota». Por eso la ley del menor no los hace imputables hasta que se entiende que tienen conocimiento, no antes de los 14 años. Ya que no podemos imputarlos, pues tenemos en consideración cuál es su nivel de desarrollo, tampoco deberíamos dejarles cancha libre para que den rienda suelta a todas sus ganas de hacer daño e intimidar al otro, ¿o sí? Sin embargo, a través de las pantallas, les damos a los potenciales acosadores una ventana directa a sus víctimas, para intimidarlos, perseguirlos, humillarlos a todas horas, todo ello con eso que tanto los alienta, un público ante el que mostrar su malentendida «valentía». Y en el camino dejamos absolutamente sola a la víctima, sin que el adulto pueda protegerla porque, aunque este se entere del acoso sufrido, no puede frenar los eventuales memes o las grabaciones humillantes que se hayan vertido en la red y de los que la víctima no podrá librarse.

Hemos visto al inicio del capítulo los procesos a través de los cuales las pantallas incrementan la conducta violenta. ¿Qué sabemos de esta exposición a contenidos violentos? ¿Qué nos dice el informe de UNICEF? Pues que además de utilizar las redes sociales, en las que se comparten con total impunidad todo tipo de contenidos violentos, el 54,7% de los adolescentes que juega a videojuegos habitualmente se inclina por los designados por la Pan European Game Information (PEGI) como no adecuados para menores de 18 años. Entre los más populares, *Call Of Duty* (29,2%), *Grand Theft Auto* [GTA]/*Red Dead Redemption* (28,7%) o *Counter-Strike* (11,1%) presentan contenidos de violencia explícita.[13] Más de la mitad de los adolescentes que juegan responden abiertamente que prefieren videojuegos no adecuados para su edad. Si este solo es el porcentaje de quienes lo confiesan abiertamente al encuestador, ¿cuál será la cifra real?

Entre las víctimas de acoso, según UNICEF,[13] son las chicas las que más lo sufren y las que menos lo practican. Se estima que uno de cada tres adolescentes sufre acoso escolar, y uno de cada cuatro ciberacoso. Entre los chicos que sufren acoso escolar, la mitad también son agresores, cifra similar a la del ciberacoso. En Estados Unidos[10] los datos muestran porcentajes más bajos de acoso y ciberacoso, así, uno de cada diez chicos refiere haber sido víctima de acoso, cifra similar a la del ciberacoso, y en las chicas es el doble, dos de cada diez. En el informe se incorporan los resultados de los estudiantes LGTBI+, evidenciándose que sufren más estas situaciones de violencia: en Estados Unidos, una cuarta parte de los estudiantes LGTBI+ sufrieron acoso escolar y casi el 30%, ciberacoso.

Volviendo al informe de UNICEF,[13] observamos que la mitad de los chicos que sufren acoso escolar no tienen descanso, y fuera de los muros del colegio siguen sufriendo acoso *online*. En el caso de las víctimas de ciberacoso, tres de cada cuatro adolescentes que dicen sufrirlo también lo sufren *offline*, en la vida real: «Ambos hallazgos suponen una nueva evidencia de que el acoso escolar y el ciberacoso no deben considerarse como problemas independientes». Tiene sentido que no sean independientes, ni siquiera en sus efectos lo son, pues el ciberacoso puede ser virtual, pero es muy real en sus consecuencias, como el propio informe explicita.

¿Qué nos dice el informe de UNICEF[13] de las consecuencias? Las tasas de depresión grave llegan a multiplicarse por cinco, si se compara con los no implicados. En el caso del ciberacoso, la tasa de depresión grave se multiplica casi por seis. Tanto en el caso de acoso escolar como del ciberacoso, la tasa de ideación suicida se multiplica por cuatro.

Se hace obligada una reflexión, una pregunta como sociedad. Si la única consecuencia de las pantallas fuera el ciberacoso, ¿no sería eso mismo causa suficiente para privar el acceso a los adolescentes al mundo digital? Pensar que una problemática tan dramática como es el acoso *online* puede acabar con una única acción, que miles de niños vivirían más aliviados con esa acción única, ¿no sería ese un motivo suficiente?

CONDUCTA SUICIDA

¿Y qué sabemos de la conducta suicida como conducta violenta? Ya nos hemos referido a los grupos prosuicidio. Hay además perfiles de TikTok en los que se comparte el odio al ser humano, en los que se lo equipara a una plaga que destruye el planeta, por lo que, según su perversa lógica, lo mejor que puede hacer un adolescente que ame la naturaleza es suicidarse. Además, allí se exponen y comparten todas las autolesiones que se infligen, suben fotos de ellos mismos en urgencias con la boca manchada del carbón activado, y se alientan unos a otros a cometer la atrocidad de acabar con su vida. Se trata de niños de entre 13 y 17 años. Muchos sienten que en esos grupos hay gente como ellos, que los entienden y que han pasado por lo mismo. Cuando se les pregunta qué es eso por lo que han pasado, por lo general señalan haber sido víctimas de la violencia propia de esa cascada de positividad que circula en las redes sociales, esos mensajes infinitos de felicidad impuesta, esos estándares de vida inalcanzables, esa imposición de patrones de belleza y de éxito irrealizables, constantemente sometidos al látigo de la comparación desfavorable, «hasta cuando estoy contenta pienso ¿estaré tan contenta como esa persona que parece ser tan feliz? y entonces acabo hundida». Todo esto sazonado siempre por el eslogan del «tú puedes», del «si quieres puedes», del «tú lo mereces», del «tú lo vales», así que, si no lo consigues, es porque no has luchado, y además te has defraudado a ti y a los tuyos. Toda la violencia a la que hacen referencia tiene una puerta de entrada, esa que abrimos voluntariamente, esa sin pasador ni mirilla, que pone a los niños y adolescentes a disposición de los comerciantes de la felicidad, aquellos que buscan hacerles creer que se la merecen y que la felicidad es comprar su producto. Y también por ella acaban entrando otros. En estos grupos de adolescentes y adultos jóvenes no se percibe maldad, ni siquiera entre los que toman una posición activa en la creación de los mensajes y en la creación de contenidos prosuicidio. Por lo general, son chicos que creen que no están haciendo ningún mal a nadie, que solo utilizan un canal para expresar cómo se sienten y que una forma de transmitir sus sentimientos es compartir sus autolesiones y así sentirse acompañados. No tienen ni la menor conciencia del efecto contagio, no son conscientes de que, difundiendo esos mensajes, ellos mismos se pueden ver abocados a acabar en el suicidio. Qué otra salida les puede quedar, por una suerte de principio de coherencia. No son responsables porque no tienen conciencia de lo que generan. El hecho de que la sociedad no ofrezca alternativas a esa soledad en la vida real es preocupante, pero mucho más lo es que mantenga abierta esa puerta.

Ciertamente, esta clase de contenidos no solo provienen de las redes sociales, ni siempre son creados por adolescentes en proceso de maduración. Netflix, con la emisión de la serie *13 Reasons Why* en 2017, de la que ya hemos hablado en el tercer apartado del capítulo 3 (cf. *supra*, p. 69), lamentablemente nos ofreció otra oportunidad de acumular evidencia empírica sobre los riesgos del uso de pantallas en la conducta suicida y sobre el efecto contagio.[26]

A la luz de los hechos, parece realmente difícil lograr el propósito de transmitir valores y de ayudar a los niños y adolescentes a manejar sus impulsos violentos a fin de encontrar otras formas de resolver los conflictos que de manera natural e inevitable irán surgiendo a lo largo de su vida. Nos encontramos con adolescentes cada vez menos empáticos, con menor control de sus impulsos, desensibilizados ante la violencia y el sufrimiento del otro, que han normalizado la violencia en su vida cotidiana más que en cualquier otro tiempo, y que cuentan con un sinfín de iguales y referentes violentos que alardean de sus hazañas en videos virales. Los llaman la generación de cristal, pero más bien dan miedo. Es cierto que la mayor parte de la violencia que presencian y que ejecutan es virtual, pero ambas son muy reales en sus consecuencias. ¿Vamos a seguir delegando en las pantallas su educación y la transmisión de valores, su formación como personas? ¿Podemos competir con ellas en igualdad de condiciones?

SEXUALIDAD

El campo de la sexualidad es realmente complejo y resulta susceptible a las influencias ideológicas y políticas. No se trata de hacer un análisis de lo que debería ser, pues este no es un manual de sexualidad, ni pretende emitir consejos ni orientación. El propósito de este ensayo solo consiste en reflexionar acerca de los efectos de la digitalización en este ámbito, únicamente en niños y adolescentes. Para eso partiremos de una posición simple y sencilla sobre la sexualidad.

La sexualidad es tan esencial e inmanente al ser humano como la violencia, con una diferencia clara, que la primera se pretende mantener mientras la persona la encuentra satisfactoria, y la segunda se busca reprimir hasta llevarla a su mínima expresión. Así, el despertar sexual es una cuestión con un componente biológico muy significativo, y una vez que irrumpe en la persona requiere orientación y ajuste social. A modo de orientación simplificada, se puede decir que básicamente se trata de una conducta o comportamiento que pertenece al ámbito de la intimidad, que puede ser individual y que cuando pretende ser compartido pasa a ser también un acto comunicativo, relacional. Según el sociólogo Lluís Ballester,[93] debería someterse a tres principios básicos, a saber, que exista un vínculo seguro, que haya consenso de prácticas y que haya placer compartido.

Hay amplio acuerdo en aceptar que en el despertar de la sexualidad la orientación por parte de los adultos es relevante. Hay estudios que han intentado valorar los diferentes estilos educativos y el uso de la pornografía. Según ellos, tanto los estilos autoritarios como los permisivos tienden a desarrollar una peor calidad de la comunicación acerca de la pornografía,[92] destacan asimismo la importancia de los referentes en todos los aspectos del proceso madurativo. Pero hay que tener en cuenta dos consideraciones al respecto. En primer lugar, no hay acuerdo acerca de cuál sería el momento ideal para empezar dicho acompañamiento, y en ese debate intervienen intencionalidades ideológicas y políticas. En segundo lugar, los referentes naturales, padres y maestros, han sido directamente expulsados de ese papel de referencia. Hoy en día, si un niño o un adolescente tiene dudas, las últimas personas a las que consulta son los adultos. La primera fuente de consulta, la que más información proporciona y a la que no da vergüenza preguntar siempre es internet.

Así, mientras unos consideran que la sexualidad es natural en el ser humano, por lo que habría que empezar a tratarla desde la infancia —incluso antes de que haya comenzado el proceso de maduración sexual, según la idea de que es conveniente preparar a los niños para ese momento antes de que este haya llegado—, otros abogan por esperar, ajustarse al ritmo del niño, o del adolescente, y responder las dudas conforme este las vaya formulando. Ambas posturas comparten, sin embargo, un posicionamiento que podría servir de punto de encuentro, pues consideran que el mayor obstáculo para el desarrollo saludable y pleno de la sexualidad consiste en cargarla de culpa y reprimirla.

El hecho de que la orientación llegue tarde no tiene por qué ser siempre problemático, mientras el despertar sexual no se reprima. La imaginación, las fantasías eróticas, promovidas por la excitación sexual, aquellas que sirven como recurso para el inicio de la masturbación, no tienen por qué ser negativas *per se*, un descubrimiento íntimo, personal, al propio ritmo, puede estar liberado de presiones, de expectativas de rendimiento y preocupaciones. Los primeros contactos de aquel olvidado *petting*, entre adolescentes que empiezan a tener acercamientos de carácter sexual en la calle, en un parque público, con ropa, simplemente besándose y tocándose, acababan siendo como las peleas de amigos, a las que nos hemos referido en el apartado anterior. Permiten una danza informativa, de la fuerza, la presión, la delicadeza, del conocimiento de lo que le gusta y de lo que le gusta al otro, de ir tomando conciencia del otro y desarrollar complicidad con él, a la vez que se van familiarizando y perdiendo el miedo a lo desconocido, todo ello con una carga de deseo que, las primeras veces, se acababa resolviendo individualmente. Ese escenario, ambos con ropa, en un espacio público, es más propicio para interrumpir la interacción íntima en caso de desacuerdo, si alguien se sobrepasara o molestara al otro. Se establecen así las bases prácticas del consentimiento, la idea de que un beso no significa acabar en un coito y que en cualquier momento del proceso se puede interrumpir. Se trata de un progresivo conocimiento de las normas implícitas que garantiza la presencia de un vínculo seguro, ese primer factor al que hace referencia Ballester. Hoy en día, pareciera que este descubrir de la sexualidad, este modo natural de acercamiento, se está perdiendo.

De todos modos, de poco sirve el debate hoy en día. Sería ideal que fuera un debate necesario, pensado y reflexionado, que intentara integrar y poner de acuerdo las visiones de los expertos. Pero hoy está desfasado. Los padres y los maestros han sido expulsados de la ecuación por parte de los propios niños y adolescentes, nos ha atropellado otro debate mucho peor. La sexualidad comienza a descubrirse a través de la pornografía. Esta es un nefasto medio de educación sexual.[93-95] Se estima que los niños tienen acceso a ella, incluso mucho antes del despertar sexual: uno de cada cinco niños de 8 años ya tiene contacto con la pornografía.[93] No siempre la curiosidad mata al gato, nuevamente hay muchos interesados en captar clientes a temprana edad, y la industria del porno es una de las grandes aliadas de las tecnológicas, por un lado, y de la industria de la prostitución, por el otro. Con muy poco esfuerzo la industria del porno puede acceder a los niños, les basta con comprar dominios y entrar con total libertad e impunidad por aquella puerta abierta que los padres compramos con ilusión y desconocimiento. La industria pornográfica no tiene duda de cuándo es apropiado el acceso de la sexualidad al niño, para ellos es siempre «cuanto antes mejor». La reflexión acerca de la edad apropiada para el acceso a drogas legales, juego de apuestas, sexualidad y exposición a la violencia podría sugerir precisamente el principio contrario, «cuanto más tarde mejor», pues cuanto más tarde más madura estará la persona para afrontar, incluso disfrutar con salud por ejemplo de la sexualidad, pero eso ya es antiguo.

Paralelamente al incremento de la digitalización, han aumentado, y no paran de hacerlo, los delitos sexuales. Según recoge la Fiscalía en su informe de 2021,[96] los delitos de acoso sexual a menores o el *child grooming* ha aumentado un 175 % desde 2018, y un 55 % desde 2019. Y también de la mano de la digitalización, la industria del porno ha evolucionado. En un trabajo de 2018 Lluís Ballester apunta las cinco características que permiten definir la nueva pornografía:[93] (1) Calidad de la imagen, con mejoras constantes. (2) Asequible, básicamente gratuita, financiada entre otras por publicidades de prostitución, la pornografía se considera el canal privilegiado de captación de clientes. (3) Accesible desde cualquier pantalla. (4) Sin límites, de forma ilimitada en contenidos sin fin, pero también con todo tipo de comportamientos imaginables, sin límites éticos ni morales. (5) Anónima e interactiva, pudiendo pasar de observador pasivo a productor de contenidos, la propia industria promueve que adolescentes generen y compartan sus propios contenidos sexuales.

Todas son facilidades para mejorar el acceso, ¿y qué ocurre luego? Pues que la industria del porno pone sus sucias manos en los niños y adolescentes, pero no solo ella, cualquier depravado o cualquiera que no lo sería, pero que aprovecha o se deja atraer por la facilidad y la ocasión. ¿Y sus consecuencias? Además del incremento señalado por la Fiscalía, veamos qué realidad refleja

UNICEF[13] en su informe sobre nuestros adolescentes. El 8 % de adolescentes manifiesta haber enviado fotos o vídeos personales de carácter erótico o sexual (*sexting* activo) y más del triple (el 26,8 %) manifiesta haberlos recibido (*sexting* pasivo). Las presiones por el *sexting* las sufren generalmente ellas. A partir de 3.º y 4.º de la ESO las tasas de *sexting* se duplican. El 54 % de las mujeres de 3.º y 4.º de la ESO han recibido mensajes de carácter erótico o sexual, es decir, la mayoría. También la mayoría, el 57,2 %, ha aceptado alguna vez a un desconocido en una red social, y el 21,5 % llegó a quedar en persona con gente que conoció exclusivamente a través de internet. Uno de cada diez adolescentes recibió una proposición sexual por parte de un adulto en internet. El 13 % en 3.º y 4.º de la ESO, aun sabiendo que era un adulto, de modo que aquí no entrarían todas las incursiones que estos hacen haciéndose pasar por menores. Por último, uno de cada tres adolescentes (35,4 %) accedió a webs de contenido pornográfico. En 3.º y 4.º de la ESO, el 47,6 %.

Sin embargo, no se puede demostrar que haya una relación de causalidad. No podemos acusar a las grandes empresas tecnológicas de producir estas situaciones, tampoco de que colaboren con la industria del porno, y esta con la de la prostitución. Seguramente se buscará una explicación más plausible que dé cuenta de ese incremento paralelo. Muy probablemente acabaremos concluyendo que los padres son unos inútiles, pues siempre terminan recibiendo todas las críticas. Mientras tanto, las industrias que comercian con la vida de nuestros hijos tampoco son responsables de los mensajes que se transmiten ni de las ideas preconcebidas con las que los adolescentes se adentran hoy en día en el ámbito de la sexualidad. Antes lo hacían con curiosidad, prudencia y deseo, también con deseo de explorar. Ahora lo hacen con ideas preconcebidas. Los chicos explican que usan el porno para la excitación sexual; las chicas, por el contrario, al no ser tenidos en cuenta sus deseos, y al ser consideradas como objetos pasivos de las fantasías y deseos del hombre, se aproximan a la pornografía como fuente de información sexual.[97] Exactamente el mismo patrón que en los usos de internet, ellos para jugar, ellas para comunicarse con los demás, aunque en realidad es para intentar averiguar qué espera el mundo de ellas. Y con el porno les queda claro qué se espera de ellas. Si antes algunas, en su ingenuidad e inocencia, estaban tentadas a ponerse una falda más corta para conseguir algo de atención, las prácticas a las que se ven abocadas a aceptar ahora son sencillamente aberrantes. Todavía recuerdo las declaraciones de una ginecóloga de un centro de referencia de Barcelona: «Vemos lesiones íntimas en chicas de 15 años que antes solo veíamos en actrices porno». Las industrias que comercian con la vida de nuestros hijos tampoco son responsables de captar a chicas menores de edad por su repercusión en redes sociales para invitarlas a participar en páginas de dudosa moralidad, como OnlyFans, horrible práctica de la que nos informa Lluís Ballester.[93]

Por otra parte, aumentan también los fenómenos de abusos sexuales a menores, algunos perpetrados también por menores, que con una absoluta falta de conciencia del mundo que les rodea graban y distribuyen el abuso por redes, en lo que viene a ser una confesión tácita. Tampoco tienen conciencia del riesgo, ni temen las consecuencias de sus actos, lo cual es propio de la edad y por eso no se les puede imputar. Y luego los mismos que se alarman por la limitación de la libertad que supone toda prohibición elevan sus voces y piden bajar la edad de imputabilidad. Ponemos todas las facilidades para que hagan monstruosidades, para robarles su inocencia, exponiéndolos a contenidos violentos, reduciendo su capacidad de empatía y rodeándolos de todo tipo de modelos de canallas, y cuando actúan en consecuencia queremos castigarlos con toda nuestra fuerza. Ya no queremos prohibir ni poner límites, ahora queremos que tengan conciencia con 8 años, y que esa conciencia supere su curiosidad, y no solo su curiosidad, sino todas las artimañas de la industria, para que, en lugar de entrar en un sitio que difunde contenido pornográfico, cojan un libro de lectura recomendada por el colegio.

Pues bien, discreparemos aquí con nuestro referente nacional Lluís Ballester, no sin reconocer sus esfuerzos por implementar programas de sensibilización.[98] Se trata de programas realizados para mayores de edad, para adultos jóvenes. Se entiende que estos pueden ser más sensibles a la educación, o que solo contamos con la educación como elemento de protección, ya que el adulto es prácticamente responsable de su propia protección. Todavía estamos lejos de que estos programas piloto demuestren eficacia, especialmente al aplicarlos a la infancia y la adolescencia, etapas de especial sensibilidad para la adquisición de este tipo de comportamientos, por lo que, para estas edades, una protección por vía de la prohibición de acceso parece ser la medida más apropiada. A la luz de las evidencias, parece urgente detener la hemorragia. Por supuesto, alentamos a los investigadores en el trabajo para adultos jóvenes de programas educativos de sensibilización, al modo de los que se hacen en los cursos obligatorios para recuperar puntos de la Dirección General de Tráfico.

Los profesionales de las tecnológicas no son pederastas, tampoco los directivos de la industria de la pornografía, pero, desde luego, nunca antes los pederastas habían estado más de enhorabuena. Las tecnológicas abren las puertas de acceso a nuestros menores, no para ofrecerles la entrada a un mundo fantástico, sino para vender sus horas de vida y atención a todo aquel que quiera algo de ellos, ya sea para venderles productos que pidan a sus padres para Reyes o para que ellos mismos generen contenidos pornográficos a edades tempranas. Sin producción, sin rodaje, simplemente grabándose en su propia habitación, con la cámara del móvil o del ordenador, negocio redondo. Mientras tanto, los padres, en el salón, intentan forjar espacios en los que hablar con sus hijos para explicarles lo que está bien y lo que está mal. Y en el colegio se dan charlas sobre sexualidad sensible y responsable. Y el Estado realiza producciones audiovisuales sobre pornografía con contenidos respetuosos, para poder competir con los millones de videos de pornografía dura que campan por la web. Quizás esas producciones sirvan también de impulso, y así los padres les dejarán ver esos contenidos o los verán juntos para hablar de ellos abiertamente. Los adolescentes poco tardarán en desear una escalada, y no tendrán problemas para hallarla, pues la industria pornográfica los estará esperando con los brazos abiertos. ¿Hasta cuándo vamos a seguir permitiendo que se comercie con nuestros menores, con nuestros hijos? Todos los contenidos pornográficos a los que acceden son gratuitos, no les cuesta dinero ni a los menores ni a los padres, bien al contrario, si un menor tiene suficiente repercusión en redes sociales no pornográficas, les llegan propuestas de estas. Si el producto es gratis, el producto eres tú, o tus hijos.

Epílogo

Este ensayo se ha iniciado con el compromiso de no caer en una crítica social demasiado general que lleve a la inmovilidad y a la inacción al transmitir la sensación de que el cambio es imposible. Se ha buscado hacer una propuesta concreta y única, operativa, que ayude e impacte positivamente en el acompañamiento del niño y del adolescente en su camino a la vida adulta: identificar el contaminante y eliminarlo.

La exposición a las pantallas es una variable clave en el incremento del malestar detectado en nuestros jóvenes. Actúa a través de tres vías, a saber:

1) deteriorando el desarrollo de las habilidades personales de afrontamiento,
2) interfiriendo en los hábitos saludables y en las actividades relacionadas con el bienestar y, finalmente,
3) incrementando escenarios adicionales de exposición a situaciones inadecuadas, como la presión generada por una impracticable y poco realista positividad, los ideales de vida inalcanzables, la promoción de valores como la excesiva delgadez o la violencia, experimentada no solo mediante la visualización de actos violentos, sino también vivida en persona (ciberacoso y acoso sexual de diferentes tipos).

Sin duda, las pantallas y la digitalización NO son la causa única del malestar de nuestros adolescentes y jóvenes. Tampoco son la causa única de la obesidad infantil, ni de las pérdidas visuales, ni del insomnio, ni de los problemas de aprendizaje, ni de los problemas de socialización, ni de la ansiedad y la depresión, ni del Trastorno de la Conducta Alimentaria (TCA), ni del suicidio, ni del fracaso escolar, ni de la conflictiva con los padres, ni de las diferentes formas de violencia en las que se ven involucrados nuestros jóvenes, como víctimas o acosadores. Pero sí parecen contribuir negativamente en todos y cada uno de estos trastornos, no solo agravando los cuadros, sino también incrementando la prevalencia de muchos de ellos. Así pues, si fuesen protegidos del acceso indiscriminado al mundo digital, muchos niños y adolescentes no los padecerían, y entre quienes los padecieran, muchos presentarían cuadros de menor intensidad y serían más asumibles por los sistemas de salud. La exposición a las pantallas desborda los recursos cognitivos y emocionales de nuestros niños y adolescentes y, por extensión, a los servicios sanitarios que les ofrecen cobertura.

Son especialmente hirientes los señalamientos que se hacen desde ámbitos profesionales, colegas psicólogos que escriben en prensa o dicen en sus redes de difusión masiva cosas del tipo «hay que enseñar a los adolescentes a tolerar el malestar». Ante este planteamiento, ciertamente simplista, se ha contestado que los niños y los adolescentes no pueden ser señalados ni considerados los únicos responsables de su propio malestar, y que hacerlo supone asumir los argumentos propios de la sociedad del rendimiento denunciada por Byung-Chul Han, en la que precisamente se señala al sujeto como único responsable de su malestar. Mejorar el producto para que aguante más no es una opción, las personas no son productos que hay que mejorar. El desacuerdo con esta postura se ha justificado, en primer lugar, en que el adolescente, igual que el niño, cuenta con una plasticidad cerebral, una flexibilidad e incluso con una capacidad de reparar tejidos muy superiores a las del adulto. Como en las etapas de desarrollo previas a la culminación de la madurez la posibilidad de sufrir accidentes es mayor y como el malestar es inmanente a la adolescencia, la naturaleza dota al niño y al adolescente de estrategias reparadoras más eficaces. Los adultos no están excluidos de la ecuación. Es su responsabilidad contribuir en la protección de los menores, conseguir que el escenario de desarrollo sea suficientemente seguro para que estos sigan afinando y enriqueciendo su caja de herramientas a fuerza de ir enfrentando retos asumibles y adecuados a su momento de desarrollo. Así, si un niño se trepa a un lugar elevado, si se sube a una silla en un balcón, incapaz de valorar los riesgos de una posible caída, lo que un adulto debe hacer es darle la mano, ayudarlo a bajar y retirar la silla del balcón, todo eso haciendo oídos sordos a las peticiones desesperadas de autonomía, por muchas lágrimas que la acompañen, y por muy razonable que sea su demanda («¡Solo quería coger una pinza de la ropa!»). Ese mundo insuficientemente seguro, en el que, sin embargo, los adultos conservamos cierta capacidad de intervención cuando se aprecia un riesgo, no es otro que el mundo real.

En cambio, pareciera que no podemos intervenir ante los riesgos y los peligros del mundo digital, que agudizan el malestar del niño y del adolescente hasta desbordar con mucho sus recursos emocionales y cognitivos, gracias a estrategias pensadas por equipos multidisciplinares de expertos pagados por las tecnológicas, y gracias también a ciertos malintencionados que usan con fines espurios esa puerta de acceso a los menores, con el agravante de que pueden estar hiriendo a niños y adolescentes en presencia de sus padres, en presencia de toda la familia, sentados en el sofá de un mismo salón, o en la supuesta seguridad de la habitación, mientras los padres están en el hogar. En efecto, no solo hay que enseñar al adolescente a tolerar el malestar actual, hay que reducir el malestar ambiental extra, ese que no es inmanente a su proceso de desarrollo, ese que bloquea e interfiere en su sano desarrollo, y aquí no podemos mirar a otro lado, no les podemos fallar. Por eso, la mayor fuente de aprendizaje de los niños y los adolescentes, casi más potente que la propia experiencia, casi más que el ensayo y el error, es la imitación, el ejemplo de superación, el ejemplo de afrontamiento de los desafíos de la vida cotidiana, en definitiva, la ejemplaridad de quienes los rodean. Así, la mejor forma de que un adolescente aprenda a tolerar el malestar inmanente a la propia adolescencia es, reitero, la ejemplaridad de los adultos que lo rodean, los que fijan referencias, orientan, transmiten esperanza ante lo incierto y ofrecen cierto grado de certezas que rescatan del vacío. Los *youtubers* e *influencers*, marionetas de las marcas a las que venden toda su vida, esclavos de la tiranía de los *likes*, que les enseña a crear los mensajes al gusto del cliente, no son precisamente ejemplos a seguir. Los adolescentes *no nos escuchan, pero nos miran*, y tenemos que asegurarnos de que los adultos a los que miran sean respetables y ejemplares. Una película pornográfica no enseña sobre sexualidad y los perfiles radicalizados que tanto impacto tienen en redes no educan en valores.

El presente trabajo es una voz más en la lucha compartida con profesionales del ámbito de la salud, de la educación, con las familias, en la que he entrado de la mano de Michel Desmurget, y finalizo con solo una propuesta que resume mi compromiso:

Garantizar la protección del proceso de desarrollo de niños y adolescentes prohibiendo su acceso a un mundo contaminado, al menos hasta que se hayan desarrollado suficientemente para enfrentar esos peligros por sí mismos.

Algunos se preguntarán ¿solo una única propuesta? Pues sí, en este mundo en el que todo parece estar interrelacionado, una única propuesta puede generar cambios inesperados en muchos ámbitos y, ¿por qué no?, en esta ocasión deseables.

Antes de proponeros algunas recomendaciones prácticas, quisiera terminar con un guiño de complicidad. Tomo prestada la acertada cita de James Williams con la que Johann Hari decidió acabar su obra *El valor de la atención:*

> **Yo creía que ya no quedaban luchas políticas…**
> **Qué equivocado estaba. La liberación de la atención**
> **humana podría ser la batalla moral y política definitoria**
> **de nuestro tiempo. Su éxito es la condición previa para el**
> **triunfo de prácticamente todas las demás luchas.**
> **(J. Williams, 2018, citado en J. Hari, 2023 p. 390)**

Epílogo

ALGUNAS RECOMENDACIONES AL ALCANCE DE TODOS

Después de la inmersión en la evidencia científica publicada y en nuestra experiencia clínica y vivencias cotidianas, proponemos una serie de recomendaciones que creemos ayudarán a que el impacto de las pantallas en nuestros menores sea menos lesivo. No se trata de un juicio penal, de modo que los datos no tienen que demostrar una verdad absoluta, sino fundamentar unos consejos y unas orientaciones claras que disminuyan los riesgos y el malestar de niños y adolescentes.

En relación con los *smartphones:*

1) Se recomienda retrasar su uso hasta los 18 años, es decir, hasta la mayoría de edad.

2) Nunca antes de los 16 años, entre los 16 y los 18, si no es evitable, ofrecer *smartphones* con estrictas medidas de control parental, no más de una hora al día de navegación libre.

3) Antes de los 16 años no se deberían usar *smartphones.* Esta prohibición tendría que estar acompañada de una acción legislativa que ofreciera apoyo a los padres para llevar a cabo medidas de protección. Mientras no llega, solo podemos contar con los padres.

4) Si es preciso tener acceso a llamadas antes de los 16 años, ofrecer un móvil de solo llamadas, sin conexión a internet, ni dispositivos de mensajería que permitan compartir contenidos.

5) Los grupos de WhatsApp popularizados para mantenerse informado sobre las actividades escolares siempre se tendrán en los dispositivos de los padres.

En relación con el resto de las pantallas, se asumen las siete recomendaciones que propone Michel Desmurget (2020) en su exhaustiva obra:

1) Hasta los 6 años nada de pantallas.

2) A partir de los 6, un máximo de 30 minutos al día.

3) Nunca tener pantallas en la habitación.

4) Nada de contenidos inapropiados (violencia, sexo, consumo de sustancias, etc.).

5) Nunca usar pantallas por la mañana antes de ir al colegio.

6) Nunca usar pantallas por las noches antes de acostarse, como máximo dos horas antes de ir a dormir.

7) Nunca hacer multitareas, es decir, cenar con pantalla, hacer los deberes, conversar o incluso acceder a contenidos en una pantalla mientras se usa también otra pantalla.

En relación con las pantallas de los padres:

1) Dejar el móvil u otro tipo de pantallas durante el tiempo de alimentar al bebé o al niño, y durante el tiempo libre de juego compartido.

2) Nunca hacer multitareas, cenar con pantallas, jugar o conversar con los hijos mientras se usan pantallas.

3) Cuando sea necesario el uso de grupos para comunicación con el colegio, facilitar el acceso a la información, dejando claro que el móvil es de la madre o el padre.

En relación con mantenerse informados de los avances o de las nuevas evidencias en torno al uso de pantallas y sus efectos en la infancia y la adolescencia, si se lee un informe científico:

1) Consultar únicamente el apartado de metodología y resultados, esos son los apartados que controlan y valoran los asesores expertos.

2) Ignorar la información de los apartados de consejos y de conclusiones, estos apartados ya tienen la intervención política, están sometidos a presiones de todo tipo, por eso a menudo son incongruentes con los resultados presentados.

3) Se desaconsejan otras vías de información, pero en caso de acceder a ellas, se recomienda identificar el origen y la intencionalidad del argumentario. Sospechar de términos como: generación digital, atentar contra las libertades, ir en contra de los tiempos, es inevitable, no sirve de nada prohibir, el problema no es la pantalla sino su uso. Confiar en: la evidencia apunta a que...

A la luz de las evidencias,[100] *el uso de pantallas en la infancia y la adolescencia es perjudicial y las tecnológicas son culpables de fomentarlo indiscriminadamente.*

El mundo digital es el futuro, no el problema, igual que lo fue el automóvil en su día. Pero tal como sucede con el automóvil, la digitalización en la infancia y en la adolescencia tiene un potencial dañino que supera con mucho sus beneficios. Reiteramos: *en la infancia y en la adolescencia, la desconexión es la única forma de estar realmente conectado.*

MEA CULPA Y AGRADECIMIENTOS

A lo largo de estas páginas, queda patente mi aspiración a sumar mi voz a las muchas que ya se han levantado. No hay originalidad en las emociones que me ha generado la escritura de este libro. Al enfado que confesó sentir también Michel Desmurget, solo añadiría la vergüenza: vergüenza por sentir que os hemos fallado, pues no supimos detectar el engaño y caímos en muchos errores. Por todo ello, os pido disculpas. No solo a mis hijos, desde una postura muy personal, sino también a todos.

Lo importante, sin embargo, es que tenemos la oportunidad y, sobre todo, el compromiso de rectificar y de ayudaros para que vosotros también lo podáis hacer mejor. Cambios como estos los hemos hecho antes y lo volveremos a hacer juntos.

Agradezco a Michel Desmurget por descubrirme una dura realidad y movilizarme para buscar cambios en pro de la protección a nuestros menores. También agradezco a cada uno de los padres que me habéis animado a lo largo de los espacios que hemos compartido, y a los que os estáis organizando ya para realizar una contestación colectiva. Gracias a los encuentros con profesionales de la educación, de la salud y de entidades sociales, hemos tomado conciencia de lo único que no sabíamos, o que habíamos olvidado, y es que podemos cambiarlo, aquello que sentaba mal a nuestros menores hace mucho tiempo que ya no era un secreto para nosotros.

También agradezco a todos los periodistas valientes, por vuestra osadía, a todos ellos, aunque me permito pronunciar un nombre, Jordi Basté, en representación de todos, por su labor de concienciación social, por ser el primero en darle voz a tantos otros, por no doblegarse ante las presiones. ¡Compromiso y valentía, gracias!

A los colegios profesionales, a las asociaciones de pediatría, a los colegios de psicólogos, a los colegios de médicos, y por mencionar también aquí un nombre, a Jaume Padrós, por ser más valiente y más claro que sus asesores, por su compromiso con la capacidad de la medicina y de sus profesionales de curar más allá de la cura, o antes de ella, en la prevención.

A la editorial Herder por ofrecerme apoyo, y a muchas otras por empujarme, por animarme, por transmitirme la importancia de hacer llegar el mensaje.

A Carles Ventosa por desmentir con hechos mi creencia de que, después de la juventud, la amistad ya no tiene cabida. Y por su papel en esta lucha compartida. Gracias, amigo.

A mi familia, por poner los medios, por vuestra generosidad, por cada hora que no pasé con vosotros para que esta obra vea la luz, solo con la esperanza de que pueda ayudar a otros, pero sin garantías de que lo haga. Gracias.

Bibliografía referenciada

(1)   The Joint Action on Tobacco Control 2 (JATC 2). https://jaotc.eu/
      our-mission-jatc2/.
(2)   Toxicological Findings in Road Traffic Fatalities (2021). *National
      Institute of Toxicology and Forensic Sciences. Ministry of Justice.* https://
      www.mjusticia.gob.es/es/ElMinisterio/OrganismosMinisterio/Docu-
      ments/Toxicological%20Findings%20In%20Road%20Traffic%20
      Fatalities%202021.pdf.
(3)   OECD (2019a). PISA 2021 ICT FRAMEWORK. París, OECD Publishing
      https://www.oecd.org/pisa/sitedocument/PISA-2021-ICT-Frame-
      work.pdf.
(4)   INEE (2017). Pisa 2015. Programa para la Evaluación Internacional
      de los Alumnos. El Bienestar de los estudiantes. Informe español.
      Madrid, 2017. DOI: 10.4438/030-17-097-9 https://sede.educacion.
      gob.es/publiventa/descarga.action?f_codigo_agc=18701.
(5)   Spitzer, M. (2013). *Demencia digital. El peligro de la nuevas tecnologías.*
      Barcelona, Ediciones B.
(6)   Horoszkiewicz, B. (2022). Digital dementia and its impact on human
      cognitive and emotional functioning. *Journal of Education, Health
      and Sport,* 12(11), 290-296.
(7)   Manwell, L. A., Tadros, M., Ciccarelli, T. M. y Eikelboom, R. (2022).
      Digital dementia in the internet generation: excessive screen time during
      brain development will increase the risk of Alzheimer's disease and re-
      lated dementias in adulthood. *J Integr Neurosci.* 2022 Jan 28;21(1):28.
      DOI: 10.31083/j.jin2101028. PMID: 35164464.
(8)   Organización Mundial de Sanidad Animal (2022). Una sola salud.
      https://www.oie.int/es/que-hacemos/iniciativas-mundiales/una-so-
      la-salud/.

(9)   Ministerio de Sanidad (2022). Estrategia de Salud Pública 2022. Mejorando la salud y el bienestar de la población. https://www.sanidad. gob.es/ciudadanos/pdf/Estrategia_de_Salud_Publica_2022___Pendiente_de_NIPO.pdf.

(10)   Centers for Disease Control and Prevention (CDC) (2023). Youth Risk Behavior Survey Data Summary & Trends Report 2011-2021. *National Center for HIV, Viral Hepatitis, STD, and TB Prevention Division of Adolescent and School Health.* https://www.cdc.gov/healthyyouth/ data/yrbs/pdf/yrbs_data-summary-trends_report2023_508.pdf.

(11)   Comisión Europea (2023). Declaración Europea sobre los Derechos y Principios Digitales para la Década Digital. https://eur-lex.europa. eu/legal-content/ES/TXT/HTML/?uri=CELEX:32023C0123(01).

(12)   Qustodio (2023). From Alpha to Z: raising the digital generations. Annual Report 2022. https://static.qustodio.com/public-site/ uploads/2023/02/06151022/ADR_2023_en.pdf.

(13)   Andrade, B., Guadix, I., Rial, A. y Suárez, F. (2021). Impacto de la tecnología en la adolescencia. Relaciones, riesgos y oportunidades. Madrid, UNICEF España.

(14)   Thai, H., Davis, C. G., Mahboob, W., Perry, S., 3, Adams, A. y Goldfield, G. S. (2023). Reducing social media use improves appearance and weight esteem in youth with emotional distress. *Psychology of Popular Media.* https://doi.org/10.1037/ppm0000460.

(15)   Goldbeck, L., Schmitz, T. G., Besier, T., Herschbach, P. y Henrich, G. (2007). Life satisfaction decreases during adolescence. *Quality of Life Research*, 16(6), 969-979. https://doi.org/10.1007/s11136-007-9205-5.

(16)   Morales-Vives, F. y Dueñas, J. M. (2018). Predicting suicidal ideation in adolescent boys and girls: the role of psychological maturity, personality traits, depression and life satisfaction. *The Spanish Journal of Psychology*, 21, E10. https://doi.org/10.1017/sjp.2018.12.

(17)   Sun, Y., Wu, Y., Fan, S., Dal Santo, T., Li, L., Jiang, X., ... y Thombs, B. D. (2023). Comparison of mental health symptoms before and during the covid-19 pandemic: evidence from a systematic review and meta-analysis of 134 cohorts. *BMJ*, 380.

(18)   Reger, M. A., Stanley, I. H. y Joiner, T. E. (2020). Suicide mortal-

ity and coronavirus disease 2019—a perfect storm? *JAMA Psychiatry,* 77(11), 1093-1094.

(19) WHO (2022). Salud mental y COVID-19: datos iniciales sobre las repercusiones de la pandemia. Resumen científico 2 de marzo de 2022. https://apps.who.int/iris/bitstream/handle/10665/354393/WHO-2019-nCoV-Sci-Brief-Mental-health-2022.1-spa.pdf?sequence=1&isAllowed=y.

(20) Gunnell, D., Appleby, L., Arensman, E., Hawton, K., John, A., Kapur, N., ... y Yip, P. S. (2020). Suicide risk and prevention during the COVID-19 pandemic. *The Lancet Psychiatry,* 7(6), 468-471. https://doi.org/10.1016/S2215-0366(20)30171-1.

(21) Rocha, D. D. M., Silva, J. S., Abreu, I. M. D., Mendes, P. M., Leite, H. D. C. S. y Ferreira, M. D. C. S. (2021). Efeitos psicossociais do distanciamento social durante as infecções por coronavírus: revisão integrativa. *Acta Paulista de Enfermagem,* 34.

(22) Jerónimo, M. Á., Piñar, S., Samos, P. *et al.* (2021). Intentos e ideas de suicidio durante la pandemia por COVID-19 en comparación con los años previos. *Revista de Psiquiatría y Salud Mental,* https://doi.org/10.1016/j.rpsm.2021.11.004.

(23) Pirkis, J., John, A., Shin, S., DelPozo-Banos, M., Arya, V., Analuisa-Aguilar, P., ... y Spittal, M. J. (2021). Suicide trends in the early months of the COVID-19 pandemic: an interrupted time-series analysis of preliminary data from 21 countries. *The Lancet Psychiatry,* 8(7), 579-588.

(24) Durante, J. C. y Lau, M. (2022). Adolescents, suicide, and the COVID-19 Pandemic. *Pediatric Annals,* 51(4), e144-e149.

(25) Del Castillo, R. P., Castaño, L. M., de Neira, M. D. y Maresca, I. P. (2021). Trastornos de la conducta alimentaria en la adolescencia en época COVID: ¿una nueva pandemia? *Revista de Psiquiatría Infanto-Juvenil,* 38(4), 9-17.

(26) Niederkrotenthaler, T., Stack, S., Till, B., Sinyor, M., Pirkis, J., Garcia, D., ... y Tran, U. S. (2019). Association of increased youth suicides in the United States with the release of 13 Reasons Why. *JAMA Psychiatry.*

(27) Kumar, M., Dredze, M., Coppersmith, G., y De Choudhury, M. (2015). Detecting changes in suicide content manifested in social

media following celebrity suicides. *Proceedings of the 26th ACM Conference on Hypertext & Social Media* (85-94).

(28) UNICEF (2021). Aumenta la preocupación por el bienestar de los niños y los jóvenes ante el incremento del tiempo que pasan frente a las pantallas. https://www.unicef.org/lac/comunicados-prensa/aumenta-la-preocupacion-por-el-bienestar-de-los-ninos-y-los-jovenes-ante-el-incremento-del-tiempo-frente-a-las-pantallas.

(29) Gaceta Médica (2022). Cataluña presenta una guía para la prevención del suicidio en el ámbito educativo. https://gacetamedica.com/politica/cataluna-presenta-una-guia-para-el-abordaje-de-las-conductas-suicidas-en-los-centros-educativos/.

(30) Rodríguez, O. y Estrada, L. C. (2021). Pantallas en tiempos de pandemia: efectos bio-psico-sociales en niñas, niños y adolescentes. *Revista Sociedad*, 42, 15-29.

(31) Serra, G., Lo Scalzo, L., Giuffrè, M., Ferrara, P. y Corsello, G. (2021). Smartphone use and addiction during the coronavirus disease 2019 (COVID-19) pandemic: cohort study on 184 Italian children and adolescents. *Italian Journal of Pediatrics*, 47(1), 1-10.

(32) Statista (2021). Growth of monthly active users of selected social media platforms worldwide from 2019 to 2021. https://www.statista.com/statistics/1219318/social-media-platforms-growth-of-mau-worldwide/.

(33) Salzano, G., Passanisi, S., Pira, F., Sorrenti, L., La Monica, G., Pajno, G. B., ... y Lombardo, F. (2021). Quarantine due to the COVID-19 pandemic from the perspective of adolescents: the crucial role of technology. *Italian Journal of Pediatrics*, 47(1), 1-5.

(34) Michavila, N. y Abad, M. J. (2022). El impacto de las pantallas en la vida familiar. Empantallados. GAD3. https://empantallados.com/covid19/#lp-pom-block-1042.

(35) Hudimova, A., Popovych, I., Baidyk, V., Buriak, O. y Kechyk, O. (2021). The impact of social media on young web users' psychological well-being during the COVID-19 pandemic progression. *Revista Amazonia Investiga*, 10(39), 50-61.

(36) Ellis, W. E., Dumas, T. M. y Forbes, L. M. (2020). Physically isolated but socially connected: Psychological adjustment and stress among adolescents during the initial COVID-19 crisis. *Canadian Journal of*

Behavioural Science/Revue canadienne des sciences du comportement, 52(3), 177.

(37) Magson, N. R., Freeman, J. Y., Rapee, R. M., Richardson, C. E., Oar, E. L. y Fardouly, J. (2021). Risk and protective factors for prospective changes in adolescent mental health during the COVID-19 pandemic. *Journal of Youth and Adolescence*, 50(1), 44-57.

(38) Vall-Roqué, H., Andrés, A. y Saldaña, C. (2021). The impact of COVID-19 lockdown on social network sites use, body image disturbances and self-esteem among adolescent and young women. *Progress in Neuro-Psychopharmacology and Biological Psychiatry*, 110, 110293.

(39) González-Nuevo, C., Cuesta, M., Postigo, Á., Menéndez-Aller, Á., García-Fernández, J. y Kuss, D. J. (2022). Using Social Networking Sites During Lockdown: Risks and Benefits. *Psicothema*, 34(3).

(40) Magis-Weinberg, L., Gys, C. L., Berger, E. L., Domoff, S. E. y Dahl, R. E. (2021). Positive and negative online experiences and loneliness in Peruvian adolescents during the COVID-19 lockdown. *Journal of Research on Adolescence*, 31(3), 717-733.

(41) OECD (2019b). PISA 2018 Results (Volume I): What Students Know and Can Do, PISA. París, OECD Publishing. https://doi.org/10.1787/5f07c754-en.

(42) Twenge, J. M., Joiner, T. E., Rogers, M. L. y Martin, G. N. (2018). Increases in depressive symptoms, suicide-related outcomes, and suicide rates among US adolescents after 2010 and links to increased new media screen time. *Clinical Psychological Science*, 6(1), 3-17.

(43) Orben, A. y Przybylski, A. K. (2019). The association between adolescent well-being and digital technology use. *Nature Human Behaviour*, 3(2), 173-182.

(44) Twenge, J., Haidt, J., Joiner, T. E. y Campbell, W. K. (2020). Underestimating digital media harm. *Nature Human Behaviour*, 4(4), 346-348. https://doi.org/10.1038/s41562-020-0839-4.

(45) Orben, A. y Przybylski, A. K. (2020). Reply to: Underestimating digital media harm. *Nature Human Behaviour*, 4(4), 349-351.

(46) Orben, A., Przybylski, A. K., Blakemore, S. J. y Kievit, R. A. (2022). Windows of developmental sensitivity to social media. *Nature Communications*, 13(1), 1649.

(47) Kelly, Y., Zilanawala, A., Booker, C. y Sacker, A. (2019). Social media use and adolescent mental health: findings from the UK Millennium Cohort Study. *EClinicalMedicine*, 6, 59-68. https://doi.org/10.1016/j.eclinm.2018.12.005.

(48) Boers, E., Afzali, M. H., Newton, N. y Conrod, P. (2019). Association of screen time and depression in adolescence. *JAMA Pediatrics*, 173(9), 853-859. https://doi.org/10.1001/jamapediatrics.2019.1759.

(49) Desmurget, M. (2020). *La fábrica de cretinos digitales*. Barcelona, Península.

(50) Yélamos-Guerra, M. S., García-Gámez, M. y Moreno-Ortiz, A. J. (2022). The use of Tik Tok in higher education as a motivating source for students. *Porta Linguarum. Revista Interuniversitaria de Didáctica de las Lenguas Extranjeras*, (38), 83-98.

(51) Espuny, C., González, J., Lleixà, M. y Gisbert, M. (2011). Actitudes y expectativas del uso educativo de las redes sociales en los alumnos universitarios. *Revista de Universidad y Sociedad del Conocimiento*, 8(1), 171-185.

(52) Yang, H. (2020). Secondary-school students' perspectives of utilizing TikTok for English learning in and beyond the EFL classroom. *Proceedings of the 3rd International Conference on Education Technology and Social Science (ETSS 2020)*, 162-183.

(53) Finn, J. D. y Zimmer, K. S. (2012). Student engagement: What is it? Why does it matter? En S. L. Christenson, A. L. Reschly y C. Wylie (eds.), *Handbook of Research on Student Engagement* (pp. 97-131). Springer Science & Business Media.

(54) Macfarlane, B. y Tomlinson, M. (2017). Critiques of student engagement. *Higher Education Policy*, 30(1), 5-21. https://doi.org/10.1057/s41307-016-0027-3.

(55) Ucar, H. y Goksel, N. (2020). Enhancing online EFL learners' motivation and engagement through supplementary activities on Facebook. *Asian Journal of Distance Education*, 15(1), 154-168. https://doi.org/10.5281/ZENODO.3881576.

(56) WHO (2014). *Preventing Suicide: A Global Imperative*. World Health Organization.

(57) WHO (2021). *Live Life: An Implementation Guide for Suicide Prevention*

in Countries. ISBN 978-92-4-002662-9 (versión digital). ISBN 978-92-4-002663-6 (versión impresa) https://www.who.int/publications/i/item/9789240026629.

(58) Janiri, D., Doucet, G. E., Pompili, M., Sani, G., Luna, B., Brent, D. A. y Frangou, S. (2020). Risk and protective factors for childhood suicidality: a US population-based study. *The Lancet Psychiatry*, 7(4), 317-326.

(59) Klonsky, E. D. y May, A. M. (2015). The three-step theory (3ST): A new theory of suicide rooted in the «ideation-to-action» framework. *International Journal of Cognitive Therapy*, 8(2), 114-129.

(60) Acosta Artiles, F. J., Rodríguez Rodríguez-Caro, C. J. y Cejas Méndez, M. R. (2017). Noticias sobre suicidio en los medios de comunicación. Recomendaciones de la OMS. *Revista Española de Salud Pública*, 91.

(61) Mirkovic, B., Cohen, D., Garny de la Rivière, S., Pellerin, H., Guilé, J. M., Consoli, A. y Gerardin, P. (2020). Repeating a suicide attempt during adolescence: risk and protective factors 12 months after hospitalization. *European Child & Adolescent Psychiatry*, 29(12), 1729-1740.

(62) Poujol, M. C., Pinar-Martí, A., Persavento, C., Delgado, A., Lopez-Vicente, M. y Julvez, J. (2022). Impact of Mobile Phone Screen Exposure on Adolescents' Cognitive Health. *International Journal of Environmental Research and Public Health*, 19(19), 12070.

(63) Wasserman, D., Hoven, C. W., Wasserman, C., Wall, M., Eisenberg, R., Hadlaczky, G.... y Carli, V. (2015). School-based suicide prevention programmes: the SEYLE cluster-randomised, controlled trial. *The Lancet*, 385(9977), 1536-1544.

(64) PlushCare (2022). How accurate is mental health advice on TikTok? November 18, 2022. https://plushcare.com/blog/tiktok-mental-health/.

(65) Steiner, R. J., Sheremenko, G., Lesesne, C., Dittus, P. J., Sieving, R. E. y Ethier, K. A. (2019). Adolescent connectedness and adult health outcomes. *Pediatrics*, 144(1).

(66) Rose, I. D., Lesesne, C. A., Sun, J., Johns, M. M., Zhang, X. y Hertz, M. (2022). The relationship of school connectedness to adolescents' engagement in co-occurring health risks: A meta-analytic review. *The Journal of School Nursing*, 10598405221096802.

(67) Ryan, J., Roman, N. V. y Okwany, A. (2015). The effects of parental monitoring and communication on adolescent substance use and risky sexual activity: A systematic review. *The Open Family Studies Journal*, 7(1).

(68) Khetarpal, S. K., Szoko, N., Culyba, A. J. y Ragavan, M. (2021). 97. The role of parental monitoring as a protective factor against youth violence victimization. *Journal of Adolescent Health*, 68(2), S51-S52.

(69) MacPherson, H. A., Wolff, J., Nestor, B., Frazier, E., Massing-Schaffer, M., Graves, H. ... y Spirito, A. (2021). Parental monitoring predicts depressive symptom and suicidal ideation outcomes in adolescents being treated for co-occurring substance use and psychiatric disorders. *Journal of Affective Disorders*, 284, 190-198.

(70) Rozenblatt-Perkal, Y., Davidovitch, M. y Gueron-Sela, N. (2022). Infants' physiological and behavioral reactivity to maternal mobile phone use. An experimental study. *Computers in Human Behavior*, 127, 107038.

(71) Mundy, P. (2018). A review of joint attention and social-cognitive brain systems in typical development and autism spectrum disorder. *European Journal of Neuroscience*, 47(6), 497-514.

(72) Myruski, S., Gulyayeva, O., Birk, S., Pérez-Edgar, K., Buss, K. A. y Dennis-Tiwary, T. A. (2018). Digital disruption? Maternal mobile device use is related to infant social-emotional functioning. *Developmental Science*, 21(4), e12610.

(73) Olds, J. Milner, P. (1954). Positive reinforcement produced by electrical stimulation of septal area and other regions of rat brain. *Journal of Comparative and Physiological Psychology*, 47(6), 419.

(74) Stockdale, L. A. y Coyne, S. M. (2020). Bored and online: Reasons for using social media, problematic social networking site use, and behavioral outcomes across the transition from adolescence to emerging adulthood. *Journal of Adolescence*, 79, 173-183.

(75) Song, H., Zmyslinski-Seelig, A., Kim, J., Drent, A., Victor, A., Omori, K. y Allen, M. (2014). Does Facebook make you lonely?: A meta analysis. *Computers in Human Behavior*, 36, 446-452.

(76) Radesky, J., Miller, A. L., Rosenblum, K. L., Appugliese, D., Kaciroti, N. y Lumeng, J. C. (2015). Maternal mobile device use during a

structured parent-child interaction task. *Academic Pediatrics*, 15(2), 238-244.

(77) Elias, N., Lemish, D., Dalyot, S. y Floegel, D. (2021). «Where are you?» An observational exploration of parental technoference in public places in the US and Israel. *Journal of Children and Media*, 15(3), 376-388.

(78) Stockdale, L. A., Porter, C. L., Coyne, S. M., Essig, L. W., Booth, M., Keenan-Kroff, S. y Schvaneveldt, E. (2020). Infants' response to a mobile phone modified still-face paradigm: Links to maternal behaviors and beliefs regarding technoference. *Infancy*, 25(5), 571-592.

(79) McDaniel, B. T. y Radesky, J. S. (2018). Technoference: Parent distraction with technology and associations with child behavior problems. *Child Development*, 89(1), 100-109.

(80) Kildare, C. A. y Middlemiss, W. (2017). Impact of parents mobile device use on parent-child interaction: A literature review. *Computers in Human Behavior*, 75, 579-593.

(81) McDaniel, B. T. (2019). Parent distraction with phones, reasons for use, and impacts on parenting and child outcomes: A review of the emerging research. *Human Behavior and Emerging Technologies*, 1(2), 72-80.

(82) Király, O., Potenza, M. N., Stein, D. J., King, D. L., Hodgins, D. C., Saunders, J. B.... y Demetrovics, Z. (2020). Preventing problematic internet use during the COVID-19 pandemic: Consensus guidance. *Comprehensive psychiatry*, 100, 152180.

(83) Stern, Y. y Barulli, D. (2019). Cognitive reserve. *Handbook of clinical neurology*, 167, 181-190.

(84) Neophytou, E., Manwell, L. A. y Eikelboom, R. (2021). Effects of excessive screen time on neurodevelopment, learning, memory, mental health, and neurodegeneration: A scoping review. *International Journal of Mental Health and Addiction*, 19, 724-744.

(85) Madigan, S., Browne, D., Racine, N., Mori, C. y Tough, S. (2019). Association between screen time and children's performance on a developmental screening test. *JAMA Pediatrics*, 173(3), 244-250.

(86) Nelson, Carlota. UNICEF. Babies need humans, not screens. https://www.unicef.org/parenting/child-development/babies-screen-time.

(87) Mangen, A., Walgermo, B. R. y Brønnick, K. (2013). Reading linear texts on paper versus computer screen: Effects on reading comprehension. *International Journal of Educational Research*, 58, 61-68.

(88) Bregman, R. (2021). *Dignos de ser humanos. Una nueva perspectiva histórica de la humanidad*. Barcelona, Anagrama.

(89) Athanasiou, K., Melegkovits, E., Andrie, E. K., Magoulas, C., Tzavara, C. K., Richardson, C.... y Tsitsika, A. K. (2018). Cross-national aspects of cyberbullying victimization among 14-17-year-old adolescents across seven European countries. *BMC Public Health*, 18, 1-15.

(90) López, A (2022). UNICEF. 3 claves educativas sobre la violencia en los medios y la infancia. https://www.unicef.es/educa/ideas/efecto-violencia-medios-infancia-claves-educativas.

(91) *El Confidencial* (2022). Entrevista de Daniel Arjona a Frans de Waal. https://www.elconfidencial.com/cultura/2022-09-15/frans-de-waal-diferentes-primates-genero-entrevista_3490390/.

(92) Boniel-Nissim, M., Efrati, Y. y Dolev-Cohen, M. (2020). Parental mediation regarding children's pornography exposure: The role of parenting style, protection motivation and gender. *The Journal of Sex Research*, 57(1), 42-51.

(93) Ballester Brage, L., Orte Socías, M. D. C. y Pozo Gordaliza, R. (2018). Nova pornografia i canvis en les relacions interpersonals. Balears front Espanya. *Anuari de la Joventut*, 2018, vol. 1, n. 1, 229-264.

(94) Collins, R. L., Strasburger, V. C., Brown, J. D., Donnerstein, E., Lenhart, A. y Ward, L. M. (2017). Sexual media and childhood well-being and health. *Pediatrics*, 140(Supplement 2), S162-S166.

(95) Baranowski, A. M., Vogl, R. y Stark, R. (2019). Prevalence and determinants of problematic online pornography use in a sample of German women. *The Journal of Sexual Medicine*, 16(8), 1274-1282.

(96) Móstoles, T. (2021). Newtral. Suben los delitos informáticos y el acoso sexual a menores según la Fiscalía General del Estado https://www.newtral.es/delitos-fiscalia-general-estado-informe-acoso-sexual/20210907/.

(97) Ševčíková, A. y Daneback, K. (2014). Online pornography use in adolescence: Age and gender differences. *European Journal of Developmental Psychology*, 11(6), 674-686.

(98) Ballester Brage, L., Rosón Varela, C., Facal Fondo, T. y Gómez Juncal, R. (2022). Nueva pornografía y desconexión empática. *Atlánticas. Revista Internacional de Estudios Feministas,* 2022, vol. 6, n. 1, 67-105.

(99) Shaffer, D. R. y Kipp, K. (2010). *Developmental Psychology: Childhood and Adolescence,* Belmont (CA), Wadsworth Cengage Learning.

(100) Sapien Labs (2023). Age of first smartphone/tablet and mental well-being outcomes. https://sapienlabs.org/wp-content/uploads/2023/05/Sapien-Labs-Age-of-First-Smartphone-and-Mental-Wellbeing-Outcomes.pdf.

Bibliografía recomendada

Ahmed, S. (2019). *La promesa de la felicidad.* Buenos Aires, Caja Negra.

Arendt, H., Heidegger, M. (2014). *Correspondencia 1925-1975.* Barcelona, Herder.

Bauman, Z. (2006). *Vida líquida.* Barcelona, Paidós.

Bauman, Z. (2012). *Tiempos líquidos,* Barcelona, Tusquets.

Bregman, R. (2021). *Dignos de ser humanos. Una nueva perspectiva histórica de la humanidad.* Barcelona, Anagrama.

Cyrulnik, B. (2014). *Cuando un niño se da muerte.* Barcelona, Gedisa.

Desmurget, M. (2020). *La fábrica de cretinos digitales.* Barcelona, Península.

Frankl, V. (2015). *El hombre en busca de sentido.* Barcelona, Herder.

Han, B.-C. (2021). *No-cosas. Quiebras del mundo de hoy.* Barcelona, Taurus.

Han, B.-C. (2022a). *La sociedad del cansancio.* Barcelona, Herder.

Han, B-C. (2022b). *Capitalismo y pulsión de muerte.* Barcelona, Herder.

Hari, J. (2023). *El valor de la atención. Por qué nos la robaron y cómo recuperarla.* Barcelona, Península.

Patino, B. (2020). *La civilización de la memoria de pez. Pequeño tratado sobre el mercado de la atención.* Madrid, Alianza.

Pérez Álvarez, M. (2023). *El individuo flotante. La muchedumbre solitaria en los tiempos de las redes sociales.* Barcelona, Deusto.

Villar Cabeza, F. (2022). *Morir antes del suicidio. Prevención en la adolescencia.* Barcelona, Herder.

WILLIAMS, J. (2018). *Stand Out of Our Light. Freedom and Resistance in the Attention Economy*. Cambridge, Cambridge University Press.

ZUBOFF, S. (2020). *La era del capitalismo de la vigilancia. La lucha por un futuro humano frente a las nuevas fronteras del poder*. Barcelona, Paidós.